KB199921

래디컬 세대

진 리 를 따 라 가 는 진 짜   제 자 의 세 대

래드 컬
세 대

조지훈 지음

RADICAL   GENERATION

규장

마음이 통하는 친구를 만나는 것은 무엇과도 비교할 수 없는 축복입니다. 그런 의미에서 조지훈 목사님은 하나님께서 제게 주신 큰 축복입니다. 제게 뿐 아니라 한국 교회에게도 그렇다고 믿습니다. 조지훈 목사님은 젊은 시절부터 특별한 기름부으심이 있었는데, 그것은 본질을 꿰뚫어 보는 예언적 시각이었습니다. 툭툭 던지는 말 한 마디 한 마디가 예사롭지 않았고, 놀랍게도 많은 것이 조지훈 목사님이 말했던 대로 되는 것을 보았습니다. 그래서 요즘은, 조지훈 목사님이 함께 있지 않으면 불안한 금단 증상(?)을 느끼기도 합니다.

또한 조지훈 목사님은 영혼에 대해 집요하리만큼 뜨거운 사랑이 있습니다. 영혼에 대한 일이라면, 밤낮을 가리지 않고 뛰어갑니다. 조지훈 목사님의 영혼에 대한 사랑과 예언적 통찰력이, 이 땅에 래디컬 세대를 세우는 열매로 맺어지고 있다고 믿습니다. 조지훈 목사님으로 인해 제가 누렸던 축복이, 이 책을 통해 여러분에게도 공유되었으면 좋겠습니다.

고성준 수원하나교회 담임목사

그는 열정의 사람입니다. 늘 젊은 세대들과 함께 울고 웃으며 하나님이 열어주시는 미래를 꿈꾸는 목사입니다. 모든 사람을 향해 열려 있고, 무엇보다 하나님을 향해 열려 있는 목사님이기에 그의 설교에는 힘이 있고 젊음이 있고 열정이 있습니다. 그리고 하나님의 꿈이 있습니다. 젊은이들은 이런 조지훈 목사의 설교를 들으며 열광합니다. 웃을 줄 모르던 사람들이 웃게 되고, 울 줄 모르던 사람이 눈물짓습니다. 이런 그의 메시지가 모여 이번에 출간되었습니다. 하나님이 하신 일이라고 믿습니다. 이 책을 통해 많은 분이 삶의 지혜와 영적 힘을 얻게 되길 소망하며 기쁜 마음으로 추천합니다.

박동찬 일신광림교회 담임목사

다음세대에 대한 염려가 많은 시대입니다. 곳곳에서 한숨 소리가 들려오고 하나님나라의 꿈을 꾸거나 삶을 던져 도전하는 다음세대의 이야기를 듣기 어렵습니다. 입시와 취업과 성공에 대한 압박과 부담감에 시달리며 낙심과 좌절에 눌려 있는 세대의 이야기만 넘쳐납니다. 사역자들을 만나도 어려운 이야기만 나누게 됩니다. 부흥의 소문을 듣고 싶지만 그런 소식은 쉽게 들리지 않습니다. 하지만 조지훈 목사님을 만나면 다릅니다. 다음세대가 깨어나는 이야기, 다음세대가 뜨겁게 예배하고 하나님을 갈망하는 이야기, 다음세대가 자신들의 세대를 향해 말씀을 선포하며 도전하는 이야기를 들을 수 있습니다.
래디컬(radical)한 복음에 도전받은 '래디컬 세대'가 일어나야 합니다. 시대를 탓하지 않고 세대를 포기하지 않는 래디컬한 다음세대가 일어나야 합니다. 래디컬한 다음세대를 세우는 사역의 도전이 한국 교회에 선포되어야 합니다. 저는 이 책이 다음세대 사역을 향한 갈증을 해

갈해주는 성령님의 단비와 같은 역할을 하리라 확신합니다. 조지훈 목사님은 글로만 말하는 사역자가 아니라 다음세대를 향한 강력하고 래디컬한 삶의 도전이 있는 사역자입니다. 한국 교회 다음세대 사역에 일어나는 희망의 작은 구름 같은 책으로 쓰임 받기를 기도하며 기쁨으로 추천합니다.

윤은성 한국어깨동무사역원 대표

가슴이 뜨거운 사람이 있습니다. 그 사람 속에 열정이 살아 숨 쉬며 피가 들끓고 있기 때문입니다. 그 뜨거움은 세상에서 오는 것이 아닌 주님으로부터 온 것입니다. 성령의 이끌림 안에 살아가는 주님의 사람의 가슴입니다. 오늘 이 시대에 다음세대를 바라보는 주님의 심장을 느끼는 사람! 나의 사랑하는 동역자 조지훈 목사님의 가슴은 뜨겁습니다. 이 시대와 다음세대를 끌어안고 기도하며 주님의 강력한 파도를 타고 있는 주님의 사람입니다. 조지훈 목사의 래디컬 세대(Radical Generation)가 함께 고민하며 돌파구를 찾아가는 한국 교회의 소중한 도전이 되기를 바라며 기쁨으로 이 책을 추천합니다.

임원혁 뉴질랜드신학대학 교수 역임

지금 한국 교회에서 다음세대를 걱정하지 않는 이는 없습니다. 그러나 다음세대를 위해 물질을 투자하고, 전문가를 키우는 일에 헌신하는 이들을 찾기가 어렵습니다. 이런 어려움 속에서 다음세대 전선에서 치열하고도 효과적으로 영적 전쟁을 수행하고 있는 장수가 바로 조지훈 목사님입니다.

그는 이 책에서 진짜 복음, 강력한 복음을 외치고 있습니다. 한국 교회는 수많은 도전에 직면해 있습니다. 코로나19로 인한 환경 변화, 인구 감소, 신뢰도 추락, 풍요로움 속에 야성을 잃은 젊은 세대 등 이러한 도전에 효과적으로 응전하면 한국 교회는 다시 한번 부흥의 파도를 타게 될 것입니다. 살아 있는 물고기는 생명을 낳기 위해 폭포를 거슬러 올라갑니다. 이 시대 한국 교회가 살길은 야성의 회복입니다. 조지훈 목사의 영적 분투기가 한국 교회를 깨우는 광야의 소리가 되기를 바랍니다.

정성진 크로스로드선교회 대표

가정이 깨어지는 아픔과 함께 재정적으로도 가장 밑바닥의 자리로 내려와 앉게 되었을 때 내가 가장 견디기 어려운 것은 현실적인 빵의 문제보다 내가 선택하고 결정한 나의 길을 감수성 예민한 사춘기 아들에게 어떻게 설명하고 납득시킬 수 있느냐 하는 것이었습니다. 어느 날 아들과 단둘이 마주하고 아들에게 나의 미안한 마음을 털어놓으며 아들의 이해를 구했습니다. 나는 나의 길을 가기 위한 내 선택과 결정으로 현재의 고난을 받는 것이지만, 아들은 아버지의 그늘에 갇혀 본인이 원치 않는 고난을 함께 겪기 때문입니다.

그런데 아들은 뜻밖의 대답으로 나의 미안함, 나름의 죄책감이 묻어 있는 내 마음의 부담을 단번에 불식시켰습니다. "아버지가 미안해할 필요는 없어요. 아버지와 내가 한 가족으로 한 배를 타고 있지만, 현 상황을 허락하신 하나님 앞에서 아버지는 아버지대로, 나는 나대로 각자 자신에게 주어진 훈련을 받고 있는 것이니까요." 놀라운 반전이었습니다. 아들은 육신의 아버지 때문이 아니라, 하늘 아버지 때문에 그 뜻에 따라 고난의 과정을 겪고 있다고 생각했던 것입니다.

순간 나는 정신이 번쩍 들면서 아들을 다시 바라봤습니다. 이제 아들은 나의 아들이기 이전에 '하늘 아버지의 아들'이라는 생각 때문이었습니다. 아들의 아들답지 않은 이 대담한 발상의 대답은 분명 어린 사춘기 소년에게서 비롯된 것이 아니라, 그 안에 계신 성령님의 지혜로 말미암은 '아들다움'(sonship)의 표출이었습니다. 마치 열두 살의 어린 예수가 부모를 따라 예루살렘 성전에 올라갔다가 돌아올 때는 육신의 부모와 떨어져 하늘 아버지 집에 거하기를 좋아하는 '또 다른 아들'이 되어 있었던 것과 같이 생각되었습니다.

첫 책의 추천사를 부탁하는 아들에게 아버지이기에 어색하고 쑥스러운 마음이 있지만 아비이자 목회 선배의 입장에서 힘있게 격려하며 추천하고 싶습니다.

조규남 행복교회 원로목사

코로나 팬데믹이 장기화되고 세계적인 불황의 경제 위기가 한국 교회와 세계선교에 부정적인 영향을 미치고 있습니다. 이 어려운 시기에 그동안 청년 사역에 탁월한 영성으로 역할을 감당해온 조지훈 목사님이 진짜 그리스도인이 무엇인지에 대해 고민하며 근본적인 갱신의 길을 제시했다고 봅니다. 갱신이란 '래디컬'한 것입니다. 보이지 않는 우리의 내면 깊숙이 자리 잡은 잠자는 실체, 뿌리를 변화시켜 오직 주님만을 따르게 하는 갱신에 대한 도전을 주리라 믿습니다. 이 책을 통해서는 어떤 '래디컬한 실험'이 진행될지 무척 기대가 됩니다.

하나님은 한국 교회가 다시 오실 예수 그리스도의 첩경을 만드는 일에 기둥의 사명을 감당할 것을 기대하고 있습니다. 이제 한국 교회는 하나님의 길을 가로막는 모든 것을 내려놓아야 합니다. 하나님의 은혜를 값싸게 만들었던 성공지상주의를 내려놓아야 합니다. 그래서 교회는 세상 속에 뛰어들어 모든 열방을 제자 삼는 공동체를 이루어가야 합니다. 그리고 교회는 세상 가치와 맞서 싸울 수 있는 믿음의 영적 용사들을 지속적으로 세워야 합니다. 복음으로 무장 된 진정한 주님의 제자들이 세워지는 다음세대가 준비되어야 합니다. 하나님께서 이 책을 그렇게 사용하실 것을 믿습니다.

완생(完生)은 바둑 용어로, 외부를 향한 활로가 막혀도 죽지 않는 상태의 돌을 말합니다. 아직 미생(未生)의 상태이지만 신앙의 완생을 향해 수많은 난관 속에서도 "복음은 나의 전부를 원한다"라는 확신으로 신앙 인생을 걸고 따를 만한 한 분, 예수 그리스도를 위해 거침 없이 나가기를 소원하는 독자들에게 하나님의 충만한 은혜가 임하기를 바라며 이 책을 추천합니다.

한기홍 남가주 은혜한인교회 담임목사

진짜를 찾습니다. 어느 분야든지 모두 진짜를 찾습니다. 그만큼 가짜에 지쳤고 진리에 목마릅니다. 젊은이들이 진심으로 예배하는 교회가 있습니다. 그들과 함께 몸부림치며 복음을 붙잡고 전쟁을 치르며 묵묵히 걸어온 목회자가 있습니다. 바로 조이플교회 조지훈 목사님입니다. 저는 조이플교회와 조지훈 목사님을 주목하고 있습니다. 그는 진리를 붙잡고 강력하게 사역하면서 한 영혼을 붙잡고 눈물을 쏟아내는 목회자입니다. 현장이 가장 정확합니다. 지금 그 래디컬 세대가 일산에서 세워지고 있습니다. 현장의 이야기를 그대로 풀어낸 글과 복음을 향한 그의 진실함을 가슴으로 외친 글입니다. 래디컬한 믿음의 선포가 절실한 지금, 귀한 책을 진심으로 추천합니다.

홍민기 라이트하우스무브먼트 대표

코로나19, MZ세대, 메타버스, 가상화폐, VR 등 새로운 환경과 문화, 가치관에 대한 정의를 내리기도 전에 또 다른 문화와 가치관들이 생성되어 혼란스럽고 정체성의 방향을 잃어가는 지금 이 시대가 성도와 교회를 향하여 질문을 던지고 있습니다. 진짜 크리스천은 누구인가? 진짜 크리스천은 어떻게 살아야 하는가? 다음세대를 일으킬 크리스천을 어떻게 세울 수 있을까? 《래디컬 세대》, 이 책은 이 물음에 대하여 변하지 않는 진리인 '진짜 복음'을 붙잡고, 참 제자의 삶으로 사명을 완주해야 한다는 가장 본질적이면서 유일한 대안을 제시하고 있습니다.

시간에 흐름에 따라 시대가 변하고 문화, 가치관, 언어도 변하게 됩니다. 그러나 변하지 않는 한 가지는 바로 '복음'입니다. 진리는 변하지 않습니다. 그러나 놀라운 것은 변하지 않는 복음, 진리는 우리를 변화시킵니다. 앞이 보이지 않는 캄캄한 시대 속에 빛으로 길을 비추고 쓰러져가는 삶을 회복시키며, 흔들리는 신앙을 붙잡아줄 수 있는 것이 바로 복음입니다.

문화의 소용돌이 속에 길을 잃은 성도와 교회, 기독교에 대해 무관심하고 냉담한 다음세대가 이 책을 통해 복음의 능력을 강력하게 경험하고 예수님의 참 제자, 진짜 그리스도인으로 회복되고 세워지는 기적의 역사가 이루어질 것을 확신합니다. 세상의 문화와 가치관을 뚫고 흔들리지 않는 교회, 참된 복음의 능력을 경험한 다음세대가 새롭게 일어나는 역사를 이 책을 통하여 경험해보시기를 원하며 마음 다해 추천합니다.

황덕영 새중앙교회 담임목사

다시 회복될 래디컬 세대에게 바침

얼마 전 제주도를 방문했다. 교회 예배팀에서 기타를 연주하는 성도가 제주에서 카페를 운영하고 있었기 때문이다. 그 형제가 내게 말했다.

"목사님, 제주에 계시는 동안 계획은요?"

"시간 되면 올레길을 돌아보려구요."

"그러세요? 그런데요, 조심하셔야 합니다. 요즘 제주에 들개들이 너무 많아져서 가축들과 심지어 사람들까지 공격합니다. 저도 얼마 전에 들개 떼를 만나 생명에 위협을 느끼는 상황까지 갔었습니다."

"그래요? 들개가 그렇게 많아요? 조심할게요."

한참이 지난 후 형제의 말이 생각났다. 제주에 있는 들개들이 어떤 과정을 통해 들개가 되었을까? 알고 보니 집에서 키우던 가정견들이 주인에게 버려져 유기견이 되었고, 제주에서 야생화되어 들개가 되었다는 것이다. 집에서 쫓겨나 상처받은 유기견들이 세대를 거쳐 사람까지 공격하는 본능만 남은 들개가 되었다니…. 기도하는데 마음이 무거워졌다. 이런 일이 앞으로 이 세대와 시대 안에 있을 일이라는 마음을 하나님께서 주셨기 때문이다.

아버지의 집으로 돌아오라

다음세대라 일컫는 청년세대(MZ세대)와 10대 청소년의 문제의 대부분은 '가정'이다. 가정은 하나님이 창조하신 가장 중요한 하나님나라이자 하나님나라를 이루는 기본이 된다. 그래서 하나님은 우리를 자녀라 부르셨고, 우리는 하나님을 아버지라 부른다. 그리고 하나님과 함께 거하는 에덴동산은 '집'이 되었다. 인간의 비극은 그 에덴동산에서 쫓겨나 집 없는 방황이 시작되었다는 것이다. 그래서 하나님은 아들 예수 그리스도를 우리에게 보내셨고, 우리의 자녀됨(아들됨)을 회복시켜주셨다. 예수님은 교회를 가리켜 '내 아버지의 집'이라고 말씀하셨다.

우리의 다음세대 사역은 특수 사역이 아니다. 다음세대는 바로 교회의 미래다. 이들을 제자로, 하나님나라의 리더로 양육하고 훈련하지 않는다면 그 미래가 바로 '들개'의 무리가 된다. 우리는 지금 아주 중요한 기로에 있다. 앞으로 3년, 5년, 10년 이후를 바라보며 세상을 변화시킬 제자를 만들지 않는다면 변종된 분노와 폭력으로 점철된 세대가 좀비처럼 일어나게 될 것이다. 이들은 집 없는 들개처럼 아버지 없는 고아처럼 방황하고 분노할 것이다.

너무 비극적인가? 지금 누가 미래를 낙관할 수 있는가? 누가 한국 교회의 미래와 다음세대를 낙관적으로 볼 수 있겠는가? 이들을 살려낼 수 있는 방법은 하나다. 교회가 아버지의 집으로 회복되는 방법이다. 집(교회) 바깥에서 아버지 없는 세대가 되어 방황하는 이들을 예수 그리스도의 영, 아들의 영으로 거듭나게 해야 한다. 교회 밖으로 이들을 내몰았던 우리의 마음을 회개하고 아버지의 집에서 다시 이들을 환대하고 회복시키는 일들이 일어나야 한다.

시작은 믿음의 아버지 세대였다

나의 아버지는 예수님을 영접한 뒤 항해사라는 직업을 버리고 늦깎이 신학생의 신분으로 나와 동생과 함께 인생의 2막을 여셨다. 그러나 그 무대는 인간적인 눈으로는 열악하기 이를 데 없는 환경이었다. 아버지는 가난한 신학생으로 팔순이 가까운 노모와 두 아들, 이렇게 네 식구가 누우면 꽉 차는 허름한 단칸방에서 살기 시작했다.

하지만 나는 그 좁디좁은 공간에서 한없이 크게 일하시는 하나님, 놀라운 공급자가 되시는 살아 계신 하나님을 경험할 수 있었다. 하나님은 필요에 따라 우리가 생각할 수 없는 방식으로 정확하게 쌀통의 쌀을 채워주셨고, 아버지의 등록금을 공급하셨다. 무엇보다 주님 안에서 아버지와 나누는 부자간의 대화는 단칸방의 크기와 비교할 수 없을 만큼 깊고 풍성했다. 아버지는 부유함에도 빈곤함 속에서도 오직 예수로 인하여 기뻐하는 참으로 자유로운 분이셨다. 그 아버지와의 친밀한 시간이 나에게는 세상 무엇과도 바꿀 수 없는 부유함이자 나를 성장시키는 자양분이 되었다.

내가 고3이 되었을 때 아버지는 작은 상가에서 교회를 개척하셨다. 금촌이라는 수도권 외곽 경기도 지역이었다. 아버지는 교회에 찾아오는 나그네를 모두 환대하셨다. 기꺼이 잠자리를 내어주고 밥을 챙겨 먹이셨다. 그뿐만 아니라 피부색도 다르고 언어도 다른 외국인을 데리고 오셨다. 그 당시 외국인 근로자는 지금

보다 더 사회적 약자였다. 아버지는 그런 외국인 근로자들의 필요를 채우시고 위로와 격려를 아끼지 않으셨다. 그렇게 그들에게 복음이 자연스럽게 선포되기 시작했다.

어느새 우리 집 거실은 외국인 근로자들과 함께 성경공부를 하는 교육관이 되었고 인도, 네팔, 스리랑카, 방글라데시, 파키스탄, 필리핀 등 다양한 국적의 외국인들이 함께 모여 예배하고 성경 말씀을 배워 나갔다. 나도 그 자리에 꼭 같이했다. 함께 성경을 공부하고 생각과 마음을 나누다보니 어느새 인종으로 구별되었던 모든 경계선이 허물어지고 예수 안에서 우정을 나누는 친구들이 되었다.

술집이 교회가 되는 역사

그렇게 꿈을 키우던 학창 시절, 하나님은 나에게 예배를 갈망하는 마음을 부으시고 다음세대를 향한 비전을 주셨다. 나는 예배를 통해 하나님을 더 깊이 만났고 하나님의 마음을 알게 되었다. 내가 예배를 통해 사춘기 시절의 아픔에서 회복된 존재가 되었듯 다음세대를 살리는 길은 오직 예배밖에 없음을 절실히 깨달았다. 수년간 지역교회에서 청년들을 섬기면서 그저 예배가 좋아서 날마다 함께 모여 예배하기 시작했다. 조이플교회는 어느덧 그렇게 예배하는 사람들이 모여 시작되었다.

친구의 사무실에서 시작된 공동체는 생각해보면 마치 '아둘람 굴'과 같았다. 사무실에는 갖추어진 것이 아무것도 없었고 사무실이 있던 상가도 예배하기에 적합한 공간이 아니었다. 통성으로 마음껏 기도하려고 하면 항의가 들어왔고, 어린아이들을 뛰어놀게 하고 싶어도 눈치만 주게 되었다. 그래서 청년들과 어린 자녀들이 마음껏 뛰며 예배할 수 있는 공간을 허락해달라고 작정하여 간절히 기도하게 되었다.

그러던 중 해외 사역을 마치고 돌아온 어느 날, 운영위원 집사님께서 기다렸다는 듯이 기가 막힌 장소가 나왔다고 알려주셨다. 고양시 화정역 앞 지하상가에 큰 공간이 나왔다는 것이다. 그런데 흥미로운 것은 그 장소가 본래 규모가 제법 큰 나이트클럽이었다는 것이다. 나이트클럽이 운영상 법적 문제로 영업을 할 수 없게 되어 보증금과 월세도 매우 낮게 책정된 상태였다. 그곳의 법적 문제가 해결되면 다시 자리를 비워줘야 할 상황이었지만 그래도 한번 도전하고 싶었다. 우리 다음세대들이 마음껏 예배하기에 더없이 좋은 공간이었기 때문이다.

이제 그 공간을 예배 처소로 변모시켜야 했는데 이마저도 하나님의 은혜가 있었다. 나이트클럽의 구조상 가운데 큰 홀이 이미 마련되어 있었다. 또 소규모의 룸들이 여러 개 있었는데 교회 소모임 하기에 딱 좋은 크기였다. 덕분에 우리가 할 일이 많지 않았고 재정도 상당히 절감할 수 있었다. 그리고 마침내 새로운 공간에서 함께 모여 감격의 첫 예배를 드렸다. 술집이 교회가 되는 순간이었다.

하나님의 은혜로 교회는 부흥하기 시작했다. 매주 새로운 사람들이 찾아왔고 예배는 더욱 뜨거워졌다. 아둘람굴처럼 아무것도 없고 아무런 능력이 없는데 하나님은 그곳에서 비천한 자들을 하나님의 용사로 변모시켜 나가셨다. 조이플교회는 청년들이 중심이 되어 새로운 변화와 부흥을 부르짖었다. 청년들은 '진짜'를 원했다. 살아 있는 예배, 가슴을 울리는 메시지, 십자가를 중심으로 한 예수 그리스도의 복음이 청년들을 깨우고 회복시켰다. 육체적, 정신적, 관계적, 경제적 어려움을 겪는 수많은 청년들에게 실제적인 변화가 일어나기 시작한 것이다.

나의 목회 철학 중에 3M 법칙이 있다. Man-Method-Money 다. 세상의 일반적인 방법으로는 어떤 일을 할 때 예산이나 재정을 먼저 확보한다. 그리고 그 재정으로 무엇을 할지 고민한다. 그 다음 그 일을 할 사람을 세운다. 그러나 하나님은 가진 것이 아무 것도 없어도 하나님의 비전을 품고 일어나는 '한 사람'을 통해 일하기 시작하셨다. 한 사람이 세워지는 일, 조이플 공동체는 그렇게 시작하고 성장했다.

하나님의 비전을 품은 한 사람, 한 명의 헌신된 예배자를 통해 수많은 예배자들이 길러져 열방 가운데 예배의 장막이 세워지고 있다. 최상이 되시는 하나님께 최고의 예배를 드리기 위해 영성을 훈련하고, 실력을 향상시키기 위해 연구하고, 부단히 노력하는 태도가 결실을 맺는 것이 바로 예배의 현장이다. 이것은 예배자를 세울 때 반드시 전공자를 세워야 한다는 말이 아니다. 하나님을 섬기는 우리의 태도는 언제나 온 마음과 뜻과 힘을 쏟는 것이어야 한다는 것이다.

이 스킬풀한 한 명의 예배자를 통해 현장의 공기가 달라지고 회중은 더 깊은 예배로 들어갈 수 있었다. 예배를 담당하는 모든 사람이 한 영과 한 마음으로 일어날 때 하나님의 영광의 임재가 임하며 하나님이 행하시는 놀라운 일들이 일어나는 것이다. 참으로 감사하게도 하나님은 조이플교회 예배에 이런 감격이 매주 일어나게 하셨고, 하나님께 헌신하는 한 사람 한 사람을 세워주셨다.

조이플교회가 다음세대에 관심을 갖는 이유는 궁극적으로 그들을 제자로 세워 열방의 선교를 감당하게 하기 위함이다. 선교의 역사에서 시대마다 하나님께서 하이라이트 하시는 지역이 있다. 지금은 중동이 그 주요 무대다. 우리 교회에는 선교의 비전을 품고 중동을 중심으로 매년 15개 지역에 단기선교팀을 파송한다. 청년과 장년이 한 팀을 이루어 현지 선교사님들을 돕고 복음을 전한다. 흥미로운 것은 그 선교팀에 사역자는 참여하지 않는다는 것이다. 모든 것을 성도들이 자발적이고 주체적으로 진행한다. 리더를 세우고, 각 파트의 역할을 나누고, 선교 현지와 소통하며 준비하여 선교지 현장의 땅을 밟고 온다.

이 과정이 주는 유익은 실로 크다. 제자는 결국 현장에서 만들어지기 때문이다. 선교에 대해서 백 마디 말을 듣기보다 선교 현장을 직접 경험하고 올 때 선교에 대한 성도들의 눈이 새롭게 열리는 것을 보게 된다. 단기선교는 공동체를 한 몸(One Body), 한 영(One Spirit)을 이루게 하며 더 나아가 한 명의 헌신된 풀타임 선교사를 일으키게 한다. 그 한 사람 한 사람을 통해 하나님께서 마지막 때 수많은 영혼들이 돌아오는 선교의 과업을 이루실 것이다. 하나님께서는 시대와 세대를 구원할 제자를 지금도 세우고 계신다. 한 사람 한 사람의 제자들을 통해 하나님의 뜻이 이루어지는 영광에 동참하게 하실 것이다.

다시 도전하고 뚫어내는 래디컬 정신으로

중대한 기로에서 하나님께서 나에게 두 번째 개척의 꿈을 주셨다. 사람들은 지금 조이플교회를 안정적으로 잘 섬기는 것도 중요한데, 왜 그 힘든 개척에 다시 나서려고 하는지를 묻는다. 그런데 조이플교회가 지금껏 올 수 있었던 것은 어려운 상황이나 난관을 피해 가는 마음이 아니라 '도전하고 뚫어내는 래디컬 정신'으로 달려왔기 때문이었다.

진짜 조이플교회의 위기는 래디컬 정신 없이 초심에서 멀어진 마음이다. 나는 다음세대가 있는 신촌 캠퍼스 일대로 들어가 교회를 개척하기로 결정했다. 이태원도, 강남도 그다음 개척지로

품었다. 아버지 집으로의 교회, 아버지의 사랑으로 이들을 환대
할 수 있기를, 나는 다시 가슴이 뛴다!

　다른 사람이 아니라 내 안에 래디컬 정신을 잃어버리지 않고
끝까지 변질됨 없이 달려가보려고 한다. 아버지의 집에서 아들의
정체성으로 다시 회복될 '래디컬 세대'가 일어나기를 꿈꾼다. 아
버지와 아들이 함께 시작하는 래디컬 세대를 통한 변화와 변혁을
소망하며 래디컬 세대에게 이 책을 바친다.

조지훈

contents

PART 1

제자, 본질의 사람

Authentic

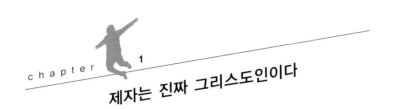

제자는 진짜 그리스도인이다

●마태복음 4:19-22

레바논을 여러 번 다녀왔지만 갈수록 도울 일들이 많다. 우리 교회도 많은 재원을 동원하여 긴급한 중동 사역과 선교 후원을 하고 있지만 일종의 한계를 느낀다. 그래서 이런 기도가 절로 나왔다. '하나님, 어떻게 하면 되겠습니까? 도와야 할 일이 너무 많습니다. 너무 부족합니다. 어떻게 하면 좋겠습니까?' 이런 마음으로 기도하며 한국에 도착했을 때 주님이 내게 이 말씀으로 확신을 주셨다.

> 너희는 가서 모든 민족을 제자로 삼아 마 28:19

그동안 나는 이 말씀을 볼 때 '모든 민족'(열방과 족속)에 방점을 두었는데, 처음으로 내 눈이 '제자'에 집중되었다. '아, 이것이 주님의 답이구나. 열방을 변화시키기 위해 예수님이 우리에게 주신 방법은 다른 것이 아니라 제자가 일어나는 것이다!'

그러면 어떤 제자가 일어나는 것인가? 확실한 제자(Radical Disciple)다. 나는 여기서 래디컬(radical)을 '과격한'이 아니라 '확실한'으로 해석한다. 확실한 제자, 성경에 근거한 제자, 타협하지 않는 제자, 그 한 사람이 세상을 바꿀 수 있다는 사실을 믿는다.

확실한 한 사람이 흐름을 바꾼다

하나님을 아는 확실한 제자 한 사람이 바꾼 흐름은 세상에 엄청난 영향력을 준다. 이 세상은 군중과 무리에 의해서 변화되는 것이 아니라 제자에 의해서 변화된다. 이 제자가 확실한 제자다. 사도 바울에게는 확실함이 있었다. 그는 자기가 쌓아온 세상의 것을 황금처럼 여기지 않고 배설물로 여겼다(빌 3:8). 그리스도 예수를 위하여 모든 것을 잃어버리고 그 모든 것을 오물로 여기는 확신이 있었다. 이 확신이 우리에게도 필요하다.

교회도 많은 교회가 필요한 것이 아니다. 주님의 뜻대로 나아가는 확신 있는 교회, 확신 있는 사람들이 필요하다. BT 네트워크(Break Through Network) 호주에 박주현 목사님이 사역하는 히스토리교회가 있다. 그리 큰 교회는 아니지만 그 교회를 통해 파송된 제자들 수십 명이 현재 중동 땅에서 사역하고 있다. 보기 드문

일이다. 그것도 제자들이 나간 것이다. 한 교회가 가진 영향력, 그 교회가 배출한 제자들의 영향력이 한 나라에, 한 대륙에 미치고 있다. 하나님이 어떤 교회를 기뻐하실까?

박 목사님이 제자를 키워내는 방식은 아주 분명하다. 쉽게 말하면 야생 사자를 키우듯이 키운다. 사자 무리를 절벽에서 밀어 버리면 낭떠러지 아래로 떨어진다. 그런데 거기서 포기하지 않고 올라와 살아남는 사자가 있다. 그를 데려와 제자로 키우는 것이다. 그러니까 확실한 제자가 키워진다. 좀 더 척박한 곳으로 보낼 제자라면 어렵게 올라온 절벽에서 한 번 더 밀어낸다. 수천 명이 있는 것이 중요한 것이 아니라 그 한 사람이 천 명의 몫을 해내는 것을 보았다. 그 한 사람, 확실한 제자 한 사람이 대륙을 움직이고 있었다. 우리는 확실하게 가야 한다.

확실한 제자는 아들이다

제자가 어떻게 만들어지는가? 먼저 우리의 패러다임이 깨져야 한다. 제자는 훈련으로 만들어지지 않는다. 우리는 훈련을 통해 제자가 나온다고 생각하는데 성경적으로 그렇지 않다. 제자는 만들어지는 것이 아니라 예수님이 선택하신 존재다. 그 사람이 제자가 되겠다고 한 것이 아니다. 제자는 예수님이 택하신 사람이고, 예수님을 따르는 자들이다.

예수님이 "나를 따르라" 하고 부르실 때 자기 그물을 버리는 것, 그것이 바로 제자도의 시작이다.

그들이 곧 그물을 버려두고 예수를 따르니라 마 4:20

그 사람이 어떤 과정을 통과하고 준비되어서 제자가 된 것이 아니라 오직 예수님의 택하심이라는 말이다. 엄밀히 말하면 이 선택의 관계에서 제자는 '아들'이다. 아들이기 때문에 아버지가 가는 곳에 아들이 갈등 없이 가고, 자기 스승이 가는 곳에 제자가 갈등 없이 가는 것이다. 아들이기 때문에 따라오라고 할 때 갈등이 없는 것이다. 부모가 간 길이라면, 부모의 일이라면 자녀가 당연히 가지 않겠는가? 갈등 없이 가서 문제를 해결해드릴 것이다.

나의 아버지는 무역선을 운행하는 항해사였다. 그런데 세계 곳곳을 누비며 인생의 해답을 찾던 구도자인 아버지가 미국 포틀랜드교회의 초청으로 참석한 집회에서 성령세례를 받고 예수님을 깊이 만난 이후 완전히 다른 존재로 변화되었다. 아버지의 마음과 생각은 오직 예수로 가득 차게 되었고, 베드로가 그물을 버려두고 예수님을 따랐던 것처럼 아버지는 항해사라는 안정되고 화려한 자리를 미련 없이 내려놓고 전적으로 주님을 따르기로 결단하셨다. 목회의 길을 가고자 한 아버지의 급진적인(radical) 결정은 동시에 가정의 큰 위기를 가져왔다. 그때 나는 감수성이 예민한 사춘기 청소년이었다. 그렇지만 예수 안에서 참된 기쁨과 자유함을 누리는 아버지와 나누었던 친밀한 대화는 어린 내게 세상 무엇과도 바꿀 수 없는 부유함을 선사했고 나를 성장시키는 자양분이 되었다.

성경을 보면 이삭도 아버지 아브라함의 길을 따른다. 아브라함이 이삭의 아버지가 아니었다면 이삭은 그 길을 따르지 않았을 것이다. 어려움이 있었지만 아브라함의 길을 따른다. 그가 아버지이기 때문이다. 예수님도 하나님의 길을 따르셨다. 하나님이 다른 어떤 존재였다면 갈등했을 것이다. 그러나 예수님은 항상 하나님 아버지의 뜻이 이루어지기를 기도하셨디. 그러니 잘 생각해야 한다. 성경에 나오는 제자는 아들이다. 그렇기 때문에 많은 제자를 키울 수가 없다. 공장에서 물건을 찍어내듯이 어떤 과정을 통하여 수십 명이 한꺼번에 제자가 될 수는 없는 것이다. 이것을 깨닫고 나자 목회의 패러다임이 바뀌었다. 군중을 바라보던 목회가, 전체 교인을 어떻게 해보려고 한 내 목회 패러다임이 바뀌었다.

'단 몇 명이라도 제대로 제자를 키운다면 성공한 목회다!'

이렇게 생각하니까 내 안에 자유함이 찾아왔다. 어떻게 한 목사님 아래 5만 명의 제자가 나올 수 있겠는가? 어떻게 그 많은 사람이 다 그 분의 제자인가? 제자가 제자를 낳고 또 그 제자가 다른 제자를 키우는 것이다. 그러니까 구조적으로 클 수가 없다. 현대 목회에서 제자가 만들어지는 구조가 사실 말이 안 된다. 몇 사람을 섬기는 것조차 쉽지 않은데, 수만 명을 낳고 키운다는 것이 말이 안 된다. '확실한 제자가 몇이나 내게 있느냐?'가 중요한 것이다.

나는 제자인가? 무리인가?

헬라어 '마데테스'는 제자를 말하는데, 제자란 자신의 마음을 어딘가에 쏟는 사람이다. 어원으로 보면 "배우다"라는 뜻의 '만다노'에서 유래했다. 제자는 스승의 지도 아래 배우는 자들이다. 그런데 스승의 가르침만을 취사선택해서 따르며 갈등하는 자들이 아니다. 제자는 스승의 가르침뿐만 아니라 스승에게 헌신하는 자들을 의미한다. 그래서 신학적 어원적으로 스승의 생애를 재생산해내는 자들을 제자라고 정의한다.

달라스 윌라드는 《잊혀진 제자도》(복있는사람)에서 신약성경에 '제자'라는 말은 269번 나오고 '그리스도인'은 3번 나온다고 하면서 "신약성경은 예수 그리스도의 제자들에 관한, 제자들에 의한, 제자들을 위한 책이다"라고 했다. 다른 사람을 위한 책이 아니라 제자들을 위한 것이다. 그는 무엇을 위해, 누구를 위해 신약성경이 쓰였는지 명확하게 정리했다. 이 말이 너무 멋지지 않은가? 예수 그리스도의 제자들에 관한, 제자들에 의한, 제자들을 위한 책, 이것이 신약성경이라는 것이다.

> 말씀하시되 나를 따라오라 내가 너희를 사람을 낚는 어부가 되게 하리라 하시니 그들이 곧 그물을 버려두고 예수를 따르니라 거기서 더 가시다가 다른 두 형제 곧 세베대의 아들 야고보와 그의 형제 요한이 그의 아버지 세베대와 함께 배에서 그물 깁는 것을 보시고 부르시니 그들이 곧 배와 아버지를 버려두고 예수를 따르니라 마 4:19-22

제자는 따르는 자들이다. 이것이 제자의 시작이다. 그런데 어떻게 따를까? 무리인 군중과 제자는 차이가 있다. 군중은 자신의 소욕과 야망과 성공을 위해서 예수님을 따른다. 그러나 제자는 자기의 그물을 버려두고 주님을 따른다. 오직 주님만 따른다. 그물을 버리는 것이 제자도(discipleship)의 시작이다. 그런데 이런 사람이 많지 않다. 나도 목회하며 스스로 이런 질문을 할 때가 있다. "나는 무리의 목회를 하고 있는가? 제자의 목회를 하고 있는가?", "나는 제자인가? 무리인가?"

군중을 향한 예수님의 메시지는 분명하다. 예수님은 그들을 위로하고 격려하고 긍휼히 여기신다. 제자들을 향한 예수님의 메시지 또한 분명하다. 예수님은 제자들을 긍휼히 여기지 않으셨다. 예수님은 그들을 향한 목적이 있으셨고 그들에게 도전하셨다. 예수님을 따르고 하나님을 구하도록 하셨다. 먼저 그의 나라와 그의 의를 구하라고 가르치셨다.

군중은 가르치신 적이 없다. 그저 긍휼히 여기고 먹이셨다. 그냥 고치고 받아주셨다. 그러나 거기서 그치는 것이 아니다. 예수님의 대안은 제자를 세워 무리를 구원하시는 것이었다. 한 사람, 그 확실한 제자를 통해 군중을 구원하는 것, 예수님은 거기까지 가셨다. 따라서 제자는 군중 속에서 나올 수 없다.

이 세대를 본받지 말라

예수님을 따라간다는 것은 오늘날 우리에게 어떤 의미일까? 자신의 모든 것을 놓아두고 예수님을 따라간다는 것의 의미는 무엇일까? 전 재산을 다 팔고 제자가 되라는 것인가? 전임 사역자가 되어 예수님을 따라가면 그 사람이 제자인가? 그렇게 해석하면 안 된다. 이 시대에 나의 모든 것을 버려두고 예수님을 따라간다는 의미는 로마서 12장 2절 말씀을 깨닫는 것이다.

너희는 이 세대를 본받지 말고… 롬 12:2

이 세대의 풍조를 본받지 말라. 이 세대의 풍조가 만들어내는 것이 무엇일까? 이 세대의 풍조를 어떻게 정의할까? 하나님의 진리에서 멀어진 세대가 만들어내는 가치, 그들이 만들어내는 성공, 인생관, 철학, 이념이 세상 풍조다. 오늘날 교회와 그리스도인들은 이 엄청난 흐름 한가운데 있다. 흐름을 따라가기는 쉬워도 거스르는 것은 쉽지 않다. 그래서 녹록하지 않은 것이다.

포스트모더니즘의 끝에 있는 이 세대의 특징이 무엇인가? 청년이라면 잘 생각해보라. 왜 확실함이 중요한가? 미래를 4차 산업혁명 시대라고 이야기하는데, 4차 산업혁명 시대의 핵심은 불확실성의 시대라는 것이다. 이 불확실성의 시대에 가장 멍청한 사람은 단정 짓는 사람이다. 코로나 사태를 경험한 지금, 불확실성은 더 커졌다. 한 치 앞도 내다볼 수 없다. 그래서 사람들은 침묵한다. 학계에서도 어떤 주장을 쉬 내놓지 않는다. 무어라 단정을 지으면 바로 공격이 들어오기 때문이다. 너무 다양한 가능성이 존재하기 때문에 "이것이다"라고 말하는 순간 끝난다. 그러니까 다들 눈치만 보고 있다가 어떤 흐름이나 대세가 만들어지면 거기에 편승하기 바쁘다.

그러나 진리는 분명한 것이다. 복음은 분명하다. 복음은 변화되는 상황 속에도 있다. 이념이 변하고 사상이 변해도 복음은 변하지 않는다. 복음 아래 이념이 있고, 복음 아래 사상이 있고, 복음 아래 철학이 있다. 이 사실을 믿기 바란다.

래디컬, 진리를 따라가는 세대

래디컬(radical)의 정의는 뭔가 거칠게 살라는 것이 아니다. 진리는 겉모양, 보이는 것과의 싸움이 아니다. 보이지 않는 것과의 싸움이다. 하나님은 눈에 보이지 않으시지만 우리는 하나님을 믿는다. 보이지 않는 것을 믿는 싸움이다. 래디컬은 진리를 따라가는 세대를 말한다.

이 일이 어디서부터 시작하는지 영적으로 분별해보자. 왜 진리를 붙잡는 제자가 일어나야 하는가? 성경에 이 진리가 왜곡되고 하나님으로부터 멀어지기 시작한 사건이 있었다. 아담과 하와는 에덴동산에서 진리의 하나님이 먹지 말라고 하신 선악과를 먹고 만다. 그 때문에 죄성(罪性)을 갖게 되었다. 죄성이 무엇인가? 죄의 열매가 무엇인가? 아주 간단하다. 인간이 왜 선악과가 먹고 싶었을까? 그들의 욕망을 살펴보면 된다. 그 욕망 때문에 선악과를 따먹었기 때문이다. 인간 안에 숨겨진 욕망은 그들이 하나님이 되고 싶었다는 것이다.

선악과를 먹은 인간 안에 있는 죄성의 결과가 무엇인가? 사탄은 인간에게 "네가 하나님이다"라고 했다. 이것이 왜 문제인가? 진리는 하나이기 때문이다. 진리의 하나님은 유일하신 분이다.

그런데 내가 하나님이라면 진리가 두 개다. 자기 소견이 생긴 것이다. 자아는 자기중심적 특성이 있어서 자아가 강하면 경계선이 생겨난다. 그 경계선이 갈등과 분열을 만든다. 그렇기 때문에 자아가 강하면 하나가 될 수 없는 것이다.

성경의 핵심이 무엇인가? 하나님을 어떻게 정의하는가? 하나님은 누구신가? 하나님은 사랑이시다. 사랑의 본질은 하나가 되는 것이다. 그래서 사랑을 하면 경계선이 없어진다. 내 것, 네 것이 없어진다. 그 이유는 자아가 죽기 때문이다. 결국 진정한 사랑은 내 안의 자아가 죽는 것이다.

> 이러므로 남자가 부모를 떠나 그의 아내와 합하여 둘이 한 몸을 이룰 지로다 창 2:24

이것이 사랑이다. 그래서 사랑의 핵심은 하나가 되는 것이다. 한 몸이 되는 것이다. 사랑은 오래 참고 온유하고 자랑하지 않고 양보하고 겸손하다. 다른 사람과 하나가 되려면 내 것을 포기하고, 내 의견을 내려놓아야 하기 때문이다. 그래야 하나가 될 수 있고 그리스도 안에서 연합이 가능하다.

내가 그 사람과 하나가 되는 유일한 길은 내 자아가 죽는 것이다. 윈윈(win-win)이 아니다. 그것은 세상의 전략이다. 성경에서 하나가 된다는 것은 둘 중에 하나는 죽어야 된다는 의미다. 성숙한 사람이 죽는 것이다. 사랑이 있는 자가 죽는 것이다. 부부도 사랑이 없으면 한 몸이지만 갈등한다. 그때부터 계속 싸운다. 네의견, 내 의견으로 나뉜다. 둘이 하나인데도 진리가 두 개이기 때문이다. 그러나 진짜 사랑의 관계는 그렇지 않다.

성령께서 교회에 하시는 가장 강력한 사역은 하나 되게 하시는 것이다. 고린도교회에는 당파, 음행, 소송 등 많은 문제가 있었다. 바울은 그 원인을 그들에게 사랑이 없어서라고 진단했다. 예언도 하고 방언도 하고 은사도 있는데 그들 안에 사랑이 없고, 그것으로 나타난 증거가 교회 안에 갈등과 분열이었다. 질서가 깨지는 것이다. 그러자 음란한 죄가 들어오고 교회가 타락하기 시작한다.

청년이라면 잘 들어야 한다. 우리 내면에 하나님의 역사가 일어난다면 그것은 우리가 하나님의 사랑을 경험하게 되는 것이다. 사랑은 말과 혀로 하는 것이 아니다. 행함과 진실함으로 하는 것이다. 그래서 하나님을 사랑하는 사람은 정체되지 않는다. 지체하지 않고 움직이는 자들이다. 그들이 제자이고 용사이다.

하나님의 속성으로부터 멀어진 아담과 하와를 보라. 아담과 하와는 선악과를 먹자마자 갈등했다. 서로를 탓했다. 그것이 사랑인가? 하와가 잘못했어도 아담이 가장으로서 책임을 져야 하는 입장인데 아담은 하와 탓을 한다. 하와도 마찬가지다. 만물을 다스리는 자가 뱀보다도 못하게 스스로 권위를 낮춘다. 뱀이 꾀어서 그랬다는 것이다.

결국 죄성이란 무엇인가? 아담과 하와가 선악과를 먹고 그 결과 자기 소견대로 살기 시작했다는 것이다. 그렇기 때문에 이 시대는 자기 의견이 중요하다. 여기서 살아남으려면 내가 저 사람보다 월등하게 내 의견을 표출하는 길밖에 없다. 그것이 힘이든 권력이든 돈으로든지 그렇다. 그러니까 죽기 살기로 성공하려고 하는 것이다. 자신의 의견을 관철시키기 위해서!

잘 생각해보라. 이 세상은 원래 그렇게 되어 있다. 이것이 세상의 흐름이자 풍조다. 그래서 바울이 "너희는 이 세대를 본받지 말라"고 권면한 것이다. 이 세상의 흐름을 따라가지 말라. 이 흐름이 뭔가 나아 보여도 결국 따라가다보면 망한다. 멸망의 길이다. 분명히 말하지만, 확신 없이 타협하며 사는 삶은 처음에 편하지만 갈수록 힘들고 공허해진다. 반면에 확신 있는 삶을 사는 것은 처음에 좀 힘들다. 하지만 갈수록 편해지고 분명해진다. 확신 있는 삶을 살기 바란다.

저는 그리스도인입니다!

나는 방위병으로 복무했는데 그곳에서 처음으로 믿지 않는 공동체를 경험했다. 상관이 술을 너무 좋아해서 일과가 끝나면 부하들을 데리고 술을 마셨다. 나는 괴롭고 힘들었다. 함께 가서 술을 따르기도 했다. 물론 술을 마신다고 지옥에 가고 천국에 가지 못한다는 말은 성경에 없다. 그렇지만 나는 내 신앙 양심에 걸려 상관에게 분명히 말했다.

"저는 그리스도인입니다. 그래서 술을 마실 수가 없습니다!"

그러자 상관의 입에서 바로 육두문자가 나왔다. 그 자리에서 나에게 머리를 박으라고 했다. 그대로 했다. 그 순간 별생각이 다 났다. 무슨 잘못을 한 것도 아닌데 내가 왜 이러고 있어야 하는지 억울했다. 그 후로 그 상관은 나를 술자리마다 불러내 헐뜯었다. 이등병인 나는 당연히 일이 서툴렀고, 그곳에서 약간 왕따가 되었다.

그러다가 그곳의 흐름을 파악했다. 동사무소 방위는 일을 잘하는 것이 제일이구나 싶었다. 훈련시키는 조직이다보니 법적으로 처리해야 할 일이 많았다. 그때부터 예비군 실무편람을 공부했다. 그냥 다 외워버렸다. 그랬더니 이것이 나중에 실력이 되었다. 그 당시 일산에 23개 동대가 있었는데, 예비군 훈련을 받지 않으면 법적으로 처리해야 하는 군법이 있었다. 내가 그것을 다 꿰고 있으니 각동의 동대장까지 나에게 전화를 했다. 그럴 때마다 고발 조치하는 방법이라든지, 몇 조 몇 항에 어떤 조항이 있다고 질문마다 잘 설명해주자 나에게 '일 잘하는 애'라는 이름이 붙었고, 나의 상관도 더 이상 내가 그리스도인이라고 뭐라 하지 않았다. 나중에 업무에 관련한 문의도 해왔다. 동대장도 내 눈치를 보며 음료수를 권하고 불편한 회식에서 다 빼주었다.

그렇다고 관계가 나빴던 것은 아니다. 나는 점심 때 라면을 끓여서 상관을 섬겼다. 어느 날 내 밑으로 후임이 들어왔다. 어느 교회의 청년 회장이라고 하는데 상관이 주는 술을 대번에 받아마셨다. 그 후 술자리를 마다하지 않고 가서 술을 마셨다. 그러다가 나중에 나를 통해 도전을 받고 그의 삶이 조금 바뀌기 시작했다. 내가 《마틴 로이드 존스의 십자가》라는 책을 선물하기도 했다.

그 후, 그리스도인으로서 불확실한 정체성을 지닌 후임병은 당당한 그리스도인으로서의 정체성을 찾았다. 그 후 우리 근무지 환경은 마치 교회가 된 듯 변화되었고 함께 근무하던 동료 병사들도 변화된 분위기를 싫어하지 않았다. 술을 마시던 회식 문화는 밥을 먹고 운동하는 분위기로 바뀌었고, 함께 교회행사를 가기도 했다. 그중 가장 큰 변화는 예수님을 믿지 않던 동료들이 우리에게 상담을 요청하는 일이 빈번해졌다는 것이다. 정말 모든 것이 변화된 것이다.

확신이 있는 것이 좋은 것이다. 불확실성의 시대에 내가 무언가를 확신한다는 것은 굉장히 중요하다. 그것이 능력이 된다. 그런 사람이 사회에서도 성공한다. 여자는 남자가 프러포즈할 때 확신 있는 사람이 좋은가? 확신 없는 사람이 좋은가? 아내에게 프러포즈할 때 나는 가진 것이 아무것도 없었다. 그런데 이 확신 하나는 있었다. "내가 당신 하나는 책임진다!" 사랑은 확신이고 선택이다. 당신이 선택한 이 길을 후회하지 말기 바란다. 자신의 선택에 확신이 없으면 마지막에 남는 것은 후회뿐이다. 그런 사람이 가장 미련한 사람이다. 확신이 있는 사람은 최선을 다해 살게 되어 있다.

예수를 믿는 것이 확실한가?

진리를 떠난 확신 없는 세대가 만들어낸 진리들을 보라. 진정한 진리가 있는가? 요즘은 진리가 무엇인가? 여론이 진리 아닌가? 지난번에는 이것이 맞다고 하던 것도 어느 순간 그것이 틀렸다는 무리가 생기면 그것은 바로 가짜가 된다. 똑바로 깨어 있어야 한다. 여론이 진리인가? 여론은 의견에 지나지 않는다. 그런데 어느 순간 진리가 되어버린다. 그러니까 그리스도인들도 눈치를 보고 대세나 흐름을 살핀다.

오늘날 현대인들은 외로움과 두려움 때문에 굉장히 힘들어한다. 외로움과 두려움은 무리에서 이탈되었을 때 찾아온다. 내가 이 무리에 들지 못하는 낙오자라는 고독감이 현대인에게 매우 심각한 문제다. 어느 전도사님에게 들은 이야기다. 교회 안 나가는 성도들, 그러니까 '가나안 성도들'을 대상으로 설문 조사를 했다고 한다. 청년들이 안 가고 싶은 첫 번째 교회가 어떤 교회인지 아는가? 전도와 선교를 이야기하는 교회라고 한다. 깜짝 놀랐다. 딱 내가 사역하는 교회였다. 젊은이들이 그런 교회는 절대 안 간다고 했다는 것이다. 하지만 나는 그 이유가 교회에서 전도와 선교의 본질을 확신 있게 외치지 않기 때문이라고 생각한다. 오히려 우리 교회는 계속해서 선교를 외쳤는데도 부흥했다.

하나님은 확실한 곳에서 역사하신다. 우리가 예수를 믿는 것은 확실해야 한다. 이 시대의 청년들에게 필요한 것은 어떤 스펙(spec)이 아니다. 그들 안에 자신감이 있어야 한다. 확신을 가져야 한다. "나는 예수 믿고 생명의 길로 들어섰다", "예수 믿은 내 삶에 승리가 있다", "예수 믿은 내 인생은 변화된다"는 것을 믿는가? 이것이 확신이다. 우리도 예수님처럼 "I am"(나는 -이다)의 메시지를 말할 수 있어야 한다. 예수님이 "나는 길인가, 아닌가? 내가 진리인가 아닌가?" 이렇게 말씀하셨는가? 예수님은 확실하게 말씀하셨다.

내가 곧 길이요 진리요 생명이니 요 14:6

그러니까 불확실한 사람은 미치는 것이다. 한 단계 더 나아가 예수님이 "나는 하나님의 아들이다"라고 하셨으니 미치는 것이다. 그렇다. 우리는 세상을 미치게 할 수 있는 사람들이다. 청년들이 이것을 알아야 한다. 우리에게는 이 세상을 미치게 할 수 있는 특권이 있다. 세상에 없는 것이 당신에게 있다는 말이다. 그런 것을 돌파시키는 사람들이다. 우리는 공허한 자들에게 확신을 주고 진리를 전해야 한다. 그것이 제자이며 래디컬의 의미이다. 그런데 교회에 와서도 진리가 아닌 여론을 말하는 사람들이 있다. 세상의 흐름대로 살면 안 된다. 그 여론에 영향을 줄 수 있는 사람이 되어야 한다.

래디컬 세대의 제자 되기

래디컬한 세대, 래디컬한 제자가 되기 위해서는 어떻게 해야 하는가?

1. 자기 부인과 회개

첫째, 자기를 부인해야 한다. 그것은 회개다. 내가 일으키고 싶은 제자는 하늘의 능력을 풀어내는 자들이다. 실제적으로 우리가 살고 있는 자연 세계에 초자연적인 일들을 풀어내는 사람, 이것이 중요하다. 하나님의 기적이 다시 회복되어야 한다. 하나님의 나라는 지식이 아니다. 하나님의 나라는 실제다.

나는 왜 사도행전의 제자들처럼 하늘의 능력을 풀어내는 제자들을 일으키고 싶은가? 이유는 하나다. 선교 때문이다. 중동이나 일본에 가보면 기독교적 토양이 전혀 없다. 굳어져 있는 그들의 생각과 종교적 틀은 생각보다 견고하다. 논리와 설득이 조금의 도움을 줄 수는 있으나 변화를 이끌어내지 못한다. 이같은 환경에서는 강력한 돌파와 같은 임팩트한 일이 필요하다. 견고한 성에 금을 내는 일이 중요한데 그 중에 하나가 하나님의 사인(sign), 초자연적인 기적이 나타나는 것이다. 그것이 그들이 가진 생각과 잘못된 신(神) 개념을 깨고 진짜 하나님께 눈을 돌릴 수 있게 하는 유일한 길이라고 생각한다.

만약 유대인을 전도한다고 하자. 우리가 성경으로 유대인 랍비를 이길 수 있을까? 아무리 세계적인 신학자라도 유대인 랍비와 토론하면 이기지 못한다. 왜인가? 난다 긴다 하는 신학을 다 갖다 대도 그것은 신학(theology)일 뿐이다. 하지만 그들은 원전(original)을 가지고 있다. 거기서 "두 유 노우 히브루?"(Do you know Hebrew?) 그러면 끝나는 것이다. 어떤 사상가나 무슨 신학이 어떻다는 말도 소용이 없다. 원전이 뭐라고 하는지 아느냐는 이 한 마디면 게임이 끝나는 것이다. 그런 사람에게 성경 토론으로 이길 수 있을 것 같은가? 그렇지 않다. 그들에게 없는 초자연적인 능력이 나타나야 한다.

영화 〈바울〉에 나오는 로마군 사령관이 절대 변하지 않다가 자기 딸이 심하게 아플 때 누가가 와서 딸을 고쳐주자 돌이켜 복음을 듣고자 했다. 래디컬 디사이플(Radical Disciple)이 왜 확신 있게 서야 하는가? 우리 안에 확신이 있어야 그 확신 가운데 하늘의 능력이 부어지기 때문이다. 제자들을 통해 하늘의 일들이 나타날 수 있기 때문이다. 래디컬한 제자가 가는 곳에 돌파가 있고, 실제적인 능력이 나타날 수 있기 때문이다. 이 사실을 믿기 바란다.

따라서 우리가 하는 회개는 하늘의 능력을 가져오는 회개다. 내가 잘못했다는 차원의 회개가 아니라 하나님의 능력을 움직이게 하는 회개다. 주님이 가르쳐주신 회개가 무엇인가?

회개하라 천국이 가까이 왔느니라 마 4:17

예수님이 말씀하신 것은 천국의 능력을 가까이 오게 할 수 있는 회개를 가리킨다. 성령을 받고 베드로의 설교를 들은 사람들이 이런 고백을 했다.

형제들아 우리가 어찌할꼬 하거늘 행 2:37

천국에 대해 들으면, 진짜 진리에 대해 들으면 사람들은 이렇게 반응하게 된다. "내가 어떻게 해야 하지? 내 인생 이제 어떻게 하면 되는 거야?" 그때 베드로가 이렇게 이야기한다.

베드로가 이르되 너희가 회개하여 각각 예수 그리스도의 이름으로 세례를 받고 죄 사함을 받으라 그리하면 성령의 선물을 받으리니

행 2:38

우리가 회개하기 시작할 때, 세상의 흐름에서 돌이켜 진리를 따라가기 시작할 때 하늘의 능력이 부어진다는 사실을 믿기 바란다. 우리가 가진 진리에는 능력이 있다. 낙망하거나 실망하지 말고 그 삶을 살면 그 속에서 능력이 나타난다.

2. 담대한 믿음

둘째, 우리에게 예수님의 구속 사역을 믿는 담대한 믿음이 있어야 한다. 예수님의 구속 사역을 믿는 믿음이 무엇인가? 예수님이 하신 일을 믿는 것이다. 예수님이 죄를 해결하셨다. 예수님이 구원하셨다. 예수님이 승리하셨다. 그러니 자신의 상황과 환경을 보지 말고 주님이 하신 일을 믿기 바란다. 그럴 때 우리 안에 믿음이 자란다.

믿음에는 두 가지 속성이 있다. 2C인데 그중 하나는 'Courage'(용기)이다. 믿음 있는 사람들에게는 담대함과 용기가 나타난다. 믿음은 영적인 것이다. 다윗이 기름부음을 받고 하나님의 영이 그와 함께 있었다. 다윗은 사람들이 두려워하는 거인 골리앗 앞에 담대히 섰다. 또 다른 믿음의 속성은 'Confidence'(확신)이다. 용기와 확신이 모여 믿음이 된다. 우리의 신앙이란 그 믿음을 담아내는 여정이다. 그 여정을 성숙함이라고 이야기하기도 한다. 이 성숙함이 예수님의 성품이다. 신앙은 여정이다. 계속 가면 완성된다. 담대하게 걸어가기를 바란다. 그렇게 가면 승리할 수 있다.

3. 오벧에돔의 예배

마지막은 오벧에돔의 예배다(삼하 6장 참조). 다윗이 하나님의 언약궤를 다윗성으로 옮길 때 3만 명을 모아 성대한 이벤트를 준비했다. 그런데 하나님의 영이 거기 없었다. 왜인가? 하나님의 궤를 새 수레에 실었기 때문이다. 하나님의 궤는 레위 지파 사람들이 채에 꿰어 어깨에 메야 하는데 하나님의 말씀대로 하지 않은 것이다. 하나님의 궤가 나곤의 타작 마당에 들어설 때 소들이 뛰어 궤가 떨어지려고 하자 웃사가 궤를 붙들었다. 웃사는 하나님의 진노로 그 자리에서 죽고 말았다. 하나님의 언약궤에 손을 대지 말라고 하셨는데 말씀대로 한 것이 하나도 없었다. 이 일을 통해 하나님은 다윗을 가르치신다. 그것은 다른 것이 아니다. 하나님의 궤가 예루살렘으로 들어간다는 것은 '통치'를 의미한다. 다윗이 이스라엘을 통치할 때 자기 소견대로 하는 것이 아니라 하나님의 말씀대로 해야 한다는 것을 가르치신 것이다.

다윗은 이 일로 하나님의 언약궤를 다윗성으로 옮기지 않고 오벧에돔의 집으로 옮긴다. 하나님의 궤가 오벧에돔의 집에 있는 동안 하나님은 오벧에돔의 집과 그의 모든 소유에 복을 주셨다. 오벧에돔은 레위인으로 말씀대로 예배하는 자였다. 오벧에돔은 하나님의 궤가 그의 집에 있는 석 달 동안 온전히 예배드렸다. 그것을 보고 다윗이 하나님의 궤를 기쁘게 다윗성으로 메어와 다윗의 장막을 만들었다고 생각한다. 하나님의 법궤를 메어오기 위해 3만 명을 뽑아서 준비한 예배에 하나님의 영이 임한 것이 아니라 오벧에돔의 집에, 오벧에돔 한 사람의 예배에 하나님의 영이 임했고 큰 복이 임했다.

하나님은 오늘 누구를 주목하실까? 단 한 사람이다. 3만 명이 아니라 한 사람, 그 한 사람이 다윗의 두려움을 깨뜨린다. 다윗이 가서 하나님의 궤를 기쁨으로 메고 오벧에돔의 집에서 다윗성으로 올라가며 제사를 드리고 온 힘을 다해 춤을 췄다. 그 안에 있던 하나님을 향한 두려움이 깨진 것이다. 한 사람의 예배가 이스라엘의 영적 공기를 바꿨다. 오벧에돔 한 사람이 이스라엘 전체의 영적 공기를 바꿨다.

그 한 사람이 당신이 되기를 바란다. 아무도 보지 않는 당신의 일터가 오벧에돔의 예배처가 되기를 바란다. 당신의 가정이 바로 그곳이 되기 바란다. 하나님의 영이 한 사람의 예배자에게 임했다. 그 노래가 오벧에돔의 노래라고 믿는다. 많은 사람에게 영향을 주는 것도 좋지만 자신의 중심을 담은 그 노래에 하나님의 복이 임하고, 그 복이 결국 이스라엘 전체를 바꾸는 일이 일어났다. 이 확실한 삶이 당신의 삶이 되기를 주님의 이름으로 축복한다.

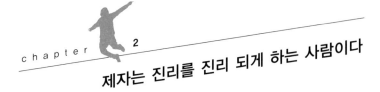

chapter 2

제자는 진리를 진리 되게 하는 사람이다

●누가복음 9:1-2

래디컬(radical)의 사전적 의미는 "과격한", "급진적인"이라는 뜻이 있는데, 이것은 행위의 과격함이 아니다. 그런 의미에서 나는 '래디컬'을 "진짜"라고 정의한다. 당신이 진짜 그리스도인, 진짜 예수 그리스도의 제자가 되기를 바란다. "진리를 따르는 자", "진리를 진리 되게 하는 자들"이야말로 내가 생각하는 '래디컬'의 정의이다. 그 진리는 두말할 것 없이 예수 그리스도이시다. 한번 생각해보라. 우리가 진리를 인식하는 순간은 그것이 '진짜'일 때이다. 추상적이고 허구적인 것은 진리가 될 수 없다. 진리로 남는 것은 진짜뿐이다. 더 구체적으로 말하면 검증된 것, 실제를 말한다.

그런데 이 시대는 진리로 여겨지는 것들이 넘쳐난다. 진리가 아닌데 진리로 여겨지는 것들이 넘쳐나는 시대, 다시 말하면 무엇이 진짜이고 무엇이 가짜인지 알 수 없다는 말이다. 그런 면에서 그리스도인이 믿는 신앙은 이 세상의 엄청난 도전 가운데 있다. 이 세상은 검증된 것, 보이는 것만 믿으려고 한다. 그리고 그렇게 믿는 것이 편하다. 갈등이 없고 쉽다. 세상이 점점 편안함을 추구하기 때문이다. 진리에 대해 고민하거나 갈등하지 않는다.

진리를 대하는 우리의 자세

진리를 찾는 자들이 있는가? 이 시대에 진리를 대하는 우리의 자세와 태도는 신앙에 있어서 가장 중요한 덕목이다. 모든 것은 자세와 태도에 달려 있다. 진리에 대한 나의 태도는 어떠한가? 애석하게도 다른 사람의 말을 잘 들으려고 하지 않고 쏟아내기에 바쁘다. 듣기를 거절하는 시대가 되었다. 그래서 갈등이 생긴다. 가정도 마찬가지다. 서로의 이야기를 들으면 해결될 문제인데 소통이 없다. 그러니까 함께하지만 갈등하고 점점 분열되고 분리된다. 그래서 가장 중요한 자세와 태도는 '경청'인 것이다.

우리가 진리를 추구하는 수준은 어느 정도인가? 인터넷이나 유튜브에서, 그리고 SNS(Social Networking Service)에서 누군가 설명해준 것을 그냥 듣는 수준이다. 그리고 내가 거기에 동의하는지 안 하는지 그것만 결정한다. 자신이 찾거나 구하지 않고 누가 말한 것을 평가하기에 바쁘다. 내가 평가해서 동의가 되면 따르고 그렇지 않으면 따르지 않는다. 아주 얕고 깊이가 없다.

그런데 아이러니한 것은 이 시대가 굉장히 빠르게 움직인다는 것이다. 그렇기 때문에 우리는 당황한다. 내가 뭔가 아는 것 같은데 아는 것이 아니고, 내가 뭔가 깨달은 것 같지만 그렇지 않다. 내가 되게 똑똑해진 것 같은데 아니다. 거기서 우리는 당황하게 된다. 이런 시대에 우리가 믿는 하나님은 보이지 않으니 증명할 수가 없다.

1. 말씀

그럼에도 불구하고 그리스도인은 하나님의 존재를 인식한다. 대단한 사람들이다. 심지어 요즘은 현장 예배에 나와 예배드리는 것, 교회에서 하나님의 말씀을 듣고 기도하는 것이 뭔가 대단한 일처럼 여겨진다. 이런 시대를 살면서 보이지 않는 하나님을 나의 아버지 하나님, 창조주 하나님으로 인식하게 할 유일한 길이 무엇인가? 우리는 어떻게 그 하나님을 인정하고 있는가? 바로 '말씀'이다. 성경에 하나님에 대해 기록되어 있기 때문이다. 우리는 말씀에 근거하여 하나님을 인식한다. 이 말씀이 너무나 중요하다. 우리에게 성경 66권이 없었다면 우리가 아는 하나님은 세상이 생각하는 신들 중 하나에 불과했을지도 모른다. 세상의 신들과 우리 하나님이 다른 이유는 오직 하나, 말씀 때문이다. 말씀에 이렇게 기록되어 있다.

태초에 말씀이 계시느니라 요 1:1

창조 때 하나님의 말씀이 있었다. 엄청난 말씀이다. '태초에'(In the beginning, 베레쉬트) 하나님이 어떻게 계셨는가? '말씀'이 계셨다. 우리는 거기에 동의하는 사람들이다. 태초에 말씀이 계셨기 때문에 그 하나님이 우리 하나님이라는 것이다. 그런데 우리는 그 하나님을 본 적이 없다.

2. 예수 그리스도

태초에 말씀이 계셨다. 다른 수많은 경전에도 태초에 어떤 신이 있었다는 이야기가 나온다. 그러면 무엇이 다른지 생각해보라. 이것이 어떻게 우리에게 실제가 되는가? 그 단서 역시 말씀에 나와 있다.

말씀이 육신이 되어(The Word became flesh) 우리 가운데 거하시매
요 1:14

그 말씀이 몸이 되었다고 한다. 말씀이 실제가 되었다는 뜻이

다. 눈에 보이게 된 것이다. 이 점이 다르다. 그래서 진리이다. 그분이 누구인가? 말씀이 우리 가운데 육신으로 거하여 우리와 함께 사셨고, 우리와 함께 식사도 하셨고, 우리와 함께 다니셨고, 우리의 고통 가운데 들어오셨고, 우리를 만지셨고, 사람들이 그분을 보았다. 그분은 바로 예수 그리스도이시다. 이것이 실제라는 것이다.

우리는 예수님 때문에 하나님이 계신 것을 확신한다. 예수님이 하나님의 아들이시자 하나님이시기 때문이다. 만화나 영화에서 말고 하나님을 본 사람이 있는가? 그런데 우리는 그 하나님을 인식하고 있다. 나는 "하나님이 없다"라고 믿는 것이 더 힘들다. 오늘부터 하나님이 없다고 생각해보았다. 나는 안 믿어진다. 하나님을 안 믿는 것이 더 힘들다. 미칠 것 같다. 이제 하나님의 존재를 거절하는 것 자체가 더 힘든 것이다. 하나님을 믿는 것보다 하나님이 없다고 생각하는 것이 더 힘들다. 이것이 주님의 은혜다.

래디컬 디사이플은 그 진짜를 어떻게 인식하는가? 예수도 알겠고 말씀이 육신이 되었다는 것도 알겠다. 그분은 실제다. 하나님의 아들이 이 땅에 오신 것은 역사적 사실이다. 기록된 대로 말씀이 육신이 되어서 우리 안에 거하셨다. 그분의 말씀이 실제가 되었다. 예수님은 하나님의 말씀이 응하여 실제가 되신 분이다. 우리 안에 예수의 영이 있다는 것은 하나님의 말씀이 우리에게도 실제가 될 수 있다는 것이다. 이것이 놀랍다. 성경은 그냥 책이 아니다. 예수의 영을 통해 말씀이 내 안에서 실제가 될 수 있다. 이것이 엄청난 비밀이다.

예수님은 이 땅에 오셔서 고통의 실제 가운데로 들어가셨다. 이 세상은 고통이다. 고통은 추상적이지 않다. 이 땅에 고통당하는 자들이 있다. 예수님은 가난한 자들, 묶인 자들, 포로 된 자들, 병든 자들, 귀신 들린 자들에게 찾아가셔서 보이지 않는 하나님 나라의 실제를 풀어내셨다. 그래서 예수님이 하신 그 일을 제자들도 하게 하신다. 성경공부를 통과한 사람이 제자가 아니다. 제자훈련을 했다고 제자가 아니다. 예수님이 하신 일을 할 수 있는 사람이 제자다. 이것이 '래디컬 디사이플'이다. 우리 가운데 이 일들이 일어나기를 바란다.

무엇이 진리인가?

기억하라. 앞으로 우리가 살아갈 시대의 어느 영역에 있든지 가장 중요한 키워드는 '리얼'(real)이라는 단어가 될 것이다. '진짜'라는 단어가 모든 것의 화두가 될 것이다. 5세대(5G) 이동통신이 상용화되면서 가상세계와 현실세계의 구분이 없어지게 될 것이다. 최근 메타버스(metaverse)의 세상을 그린 영화에서도 보면, 현실이 고통스럽고 힘드니까 사람들이 가상현실에 접속하여 살고 있다. 거기서는 누구든지 될 수 있고, 어디든지 갈 수 있고, 뭐든지 할 수 있다. 상상하는 모든 것이 가능하다. 그러나 리얼이 아니다. 현실은 너무 비참하다. 가상세계에서 자신은 아름답고 능력이 엄청나서 가는 곳마다 사람들의 환호를 받지만 현실에서는 아무것도 없다. 이 어마어마한 괴리 앞에서 다 '리얼'이 아닌 곳으로 도망한다. 그래서 리얼이라는 단어가 중요해질 것이다.

진짜가 있어야 한다. 분명해야 하고 확신이 있어야 한다. 남자면 남자이고 여자면 여자이지 중간은 없다. 하늘이면 하늘이고 땅이면 땅인 것이다. 천국이면 천국이고 지옥이면 지옥이다. 중간계는 없다. 동의하는가? 양이면 양이고 염소면 염소이다. 아군이면 아군이고 적군이면 적군이다. 이렇듯 분명하다.

이 시대는 한마디로 두려움의 시대라고 할 수 있다. 불확실성의 시대다. 어느 하나 확실한 것이 없다. 왜 교회성장 세미나를 하면 목회자들이 많이 몰릴까? 불안하기 때문이다. 그런데 저 사람에게 뭔가 있고, 그렇게 해서 됐다고 하니까 거기 가서 배운 프로그램을 그대로 적용한다. 그런다고 되는가? 구성원이 다르고 연령이 다르고 시대가 다르다. 그 프로그램은 원리가 아니고 본질이 아니다. 그러므로 본질을 일으키는 사람이 래디컬한 것이다. 그것이 혁신이다. 우리 안에 그 일들이 일어나기를 바란다.

제자는 군중을 따라가지 않는다. 시대의 흐름을 따라가지 않는다. 시대의 흐름을 따라가면 이미 늦는다. 예전에는 개인의 능력으로 시대의 변화를 선도한 사람들이 있었다. 그런데 지금은 상황이 달라졌다. 불확실하다. 그 이유는 검증이 안 되기 때문이다. 주변에서 이런 스펙을 갖추고 이렇게 저렇게 해보라고 할 때 그대로 하면 결과가 보장되는가? 그렇지 않기 때문에 더욱 과학을 맹신한다. 불안하니까 더 많은 정보를 가지고 흐름을 읽으려고 한다. 안정감이 없기 때문이다.

청년들이 요즘만 어려운가? 항상 어려웠다. 청년의 때는 그런 치열한 고민들이 있을 때다. 당연하다. 삶에 대해 고민하고, 방향성을 고민할 때. 그것이 청년이다. 그것이 살아 있다는 것이다. 진리가 뭔지 고민할 때가 청년이다. 청년인데 그 고민을 하지 않고 있다면 그는 청년이 아니다. 노인이다.

요즘 화제가 되는 말 중에 '가짜 뉴스'(fake news)라는 것이 있다. 이 시대가 불확실하고 불안하기 때문에 어떻게든 증명하고 논리를 세우고 데이터를 수집하려고 노력하는데 왜 가짜 뉴스가 더 많아질까? 무엇이 진리이고 무엇이 가짜일까? 따라서 출처가 중요한 시대가 되었다. 누가 한 말인지가 중요해졌다. 가짜가 너무 많으니까 사람들이 오히려 본질을 찾기 시작한다. 또 '팩폭'(팩트 폭력)이라는 말이 있다. "팩트(fact, 사실) 체크했어?", "어, 팩폭하네!" 이런 말들은 팩트를 제시하는 것, 실제를 아는 것 자체가 폭력이라는 것이다. 예전에는 이런 단어가 있지도 않았고 중요하지도 않았다. 그런데 과학이 발달하여 분석하고 검증하는 시대가 되었는데도 왜 가짜 뉴스는 더 늘어나고 이런 신조어가 더 많아졌을까?

그에 대한 실마리가 고린도전서 1장에 나온다.

복음의 진리와 실제

유대인은 표적을 구하고 헬라인은 지혜를 찾으나 고전 1:22

유대인이 표적을 구하는 이유는 하나님에 대한 인식이 분명하고 말씀 자체를 믿기 때문이다. 그들의 진리는 존재에 관한 것으로, 유대인은 하나님의 존재에 대해 흔들림이 없다. 말씀에 흔들림이 없다. 그러니까 이들의 고민은 오직 "이것을 어떻게 현실화할까?"에 대한 것이다. 유대인 중에서 하나님이 없다고 하는 사람을 보았는가? 무신론자나 일부 세속적인 유대인들 외에 유대인은 나라 전체가 절기를 지키고 성경에 나오는 정책을 지킨다. 그만큼 하나님에 대한 인식과 하나님의 존재에 대해 흔들림이 없다. 그런데 예수님처럼 실제화되지 않는 것이 문제다. 보이지 않는 하나님나라의 능력이 삶에 실제가 되지 않고 종교화되어 있는 것이다.

그러나 이방인으로 대표되는 헬라인은 그 자체도 없다. 예수님 당시 이방인들의 모든 이성(理性)은 헬라 철학으로부터 시작된다. 헬라 철학에서 지혜와 진리를 구한다. 그들에게 하나님에 대한 인식이 아예 없기 때문이다. 하나님나라가 없다. 그들은 그들이 인식하는 진리의 기준점을 잡지 못하고 항상 이데아(Idea)를 만들어낸다. 그래서 헬라 철학에 빠져 있는 사람을 보면 굉장히 추상적이라는 것을 알 수 있다.

잠시 분배와 공평의 문제에 대해서 생각해보자. 이 문제를 가장 강력하게 주장하는 것이 사회주의다. 사회주의는 왜 망했을까? 지금 중국을 사회주의라고 볼 수 있을까? 평등 분배가 시행되는가? 빈부의 차가 이렇게 심한데 공평한가? 왜 안 되는가? 인간의 본성, 죄의 본성 자체가 공평하지 않기 때문이다. 영적인 문제다. 이것은 하나님의 나라가 와야 해결될 문제이다. 어떠한 철학이나 이데올로기도 해결할 수 없다. 이성에 근거하여 이야기하고 증명하는 것 같아 보여도 사실 공허한 메아리일 뿐이다. 그 주장과 진리는 과학이 발전하고 새로운 사실이 발견될 때마다 바뀌었다. 이것이 인류의 역사다.

오늘날 모든 그리스도인들에게 똑같은 흐름이 존재한다. 하나님을 알고 하나님의 존재에 대한 고민이 없는 그리스도인이라면 유대인처럼 자신의 삶에 하나님이 실제화되지 않는 것을 고민한다. 그러나 일부 그리스도인은 헬라인과 같은 고민을 한다. 평생 교회를 다녀도 하나님이 누구신지 여전히 헷갈린다. 왜냐하면 지식으로만 하나님을 알기 때문이다. 조금만 어려움이 오면 하나님이 안 계신 것 같다. 그들은 고아처럼 여전히 자신의 존재적 문제를 해결할 신을 찾는다. 하나님께서 "내가 너와 함께한다", "내가 너의 아버지다", "내가 너의 공급자다"라고 말씀하시는데도 여전히 그 안에 고아의 마음이 있다. 왜냐하면 그 존재를 만나지 못했기 때문이다.

그런데 사실은 우리에게 이 두 가지가 다 필요하다. 하늘과 땅, 히브리적 사고와 헬라적 사고가 다 필요한데, 그전에 알아야 할 것이 있다. 이 두 가지 사고를 통합할 분은 오직 예수님밖에 없다는 것이다. 우리는 먼저 그리스도인이 되어야 하고, 그리스도인이 누구인지 알아야 한다. 그분이 진리이다. 예수님을 통해 하나님의 말씀이 실제가 되고, 그분 안에서 하늘과 땅이 통합되는 일들이 일어나야 한다. 그것을 일으킬 수 있는 사람이 예수님의 제자다. 그것이 복음의 실제다. 복음은 이성(理性)을 무시하지 않는다. 논리를 무시하지 않는다. 영적인 사람은 확실히 논리적이다. 세상의 철학가가 하는 이야기가 비논리적인가? 아니다. 나는 이성과 과학을 거부하지 않는다. 그것을 맹신하는 것이 문제라는 것이다. 우리가 맹신하여 따를 분은 하나님 한 분밖에 없다.

추상적으로 살지 말라

그리스도께서 말씀이 육신이 되셨다. 실제가 되셨다. 그것은 추상적인 것이 아니다. 만질 수 있다. 예수님의 머리카락이 뻣뻣하고 수염이 까칠하다고 느낄 만큼 만져지는 것이다. 우리는 책이나 영화에 나오는 사랑을 구하면 안 된다. 당신 앞에 있는 그 사람이 실제다. 내 앞에 있는 권위자를 존중하지 않는 사람이 어떻게 하나님의 권위를 알 수 있는가? 내 앞에 있는 이웃을 사랑하지 못하는데 어떻게 하나님을 사랑할 수 있겠는가?

그리스도인은 추상적으로 살지 말고 실제적으로 살아가야 한다. 가기는 가는데 어디로 가는지 모르고, 살기는 살아도 잘 사는지 모르고, 다음과 내일에 대한 질문에 멈춤이 없다. 그것은 불안하기 때문이다. 불안이 우리의 실존을 두렵게 한다. 내가 결혼할 수 있었던 강력한 동기는 내 안의 두려움이 깨졌기 때문이다. 가까운 친척 중에 이혼한 분들이 많아서인지 내 안에 두려움이 있었다. 결혼해보지도 않았으면서 나도 그렇게 될 거라는 막연한 두려움이 있었다. 그런데 예수님을 만나고 나서 그 불안이 깨졌고 그래서 결혼할 수 있었다. 내가 만난 예수님은 나의 결혼을 성사시켜주신 분이다. 이것이 실제라는 것이다.

예수님을 추상적으로 알지 말라. 예수님은 내 안의 두려움을 깨신 분, 내 안에 실제를 이루어내신 분이다. 청년들이 이 진리 앞에 서기 바란다. 무엇이 진리인지 알기를 바란다. 거짓이 난무하는 세상에서 우리는 무엇이 실제이고 진리인지 분별해야 한다.

우리가 아는 하나님은 어떤 분인가? 하나님이 누구신지 아는 것 외에 다른 어떤 것도 부수적인 것이다. 이것이 우리 인생의 유일한 도전이 되어야 한다. 하나님을 아는 지식이 점점 자라가기를 열망해야 한다. 그 사람이 세상을 바꾸고 가정을 바꾼다. 그 사람이 한 나라의 부흥을 가져올 수 있다. 믿어지는가? 그들이 하나님의 사람들이다. 군중이 아닌 한 사람, 진리 앞에 타협하지 않는 그 한 사람이 일어나야 한다.

그런데 요즘 어떤 것이 진리로 여겨지는가? 데이터가 쌓이면 방대한 양의 데이터을 기반으로 새로운 서비스를 제공하기도 하는데 그것을 '빅데이터'(big data)라고 한다. 빅데이터에는 강력한 힘이 있다. 당신의 인생을 빅데이터에 넣어보면 공식이 나올 것이다. 과연 어떤 결과가 나올까? 그런데 우리는 세상의 빅데이터가 분석할 수 없는 존재가 되어야 한다. 그리고 우리는 이미 그런 존재다. 혼(魂)의 영역을 분석할 수는 있지만, 영(靈)의 영역을 분석할 수는 없다. 인간의 지혜는 하나님의 지혜를 따라갈 수 없다. 이것을 분명히 해야 한다.

여리고성을 빅데이터로 분석해본다면 어떻게 될까? 이스라엘의 전투력과 군수물자를 넣어 분석해보면 승산이 없다. 두 명의 정탐꾼은 된다고 했지만 열 명의 정탐꾼은 안 된다고 했다. 데이터로는 안 된다. 합리적으로 생각하면 불가능하다. 그러나 하나님의 역사가 이기는 것이다.

"목사님, 영국이 일어납니다!"

저 말은 내가 아는 영국의 한 예배자가 영국에 갔을 때 한 말이다. 영국이 일어난다는 청년의 고백을 어떤 책이나 데이터에서도 본 적이 없다. 그런데, 확신에 찬 그의 음성이 영국에 대한 내 생각에 변화를 주었다. '영국 교회가 일어나는구나. 맞구나!' 한 사람의 믿음의 고백은 이렇게 강력하다.

군중 사이에서 나와 제자가 되라!

결론적으로 우리는 어떻게 해야 하는가? 무엇이 믿음인가? 무엇이 진리를 진리 되게 하는가? 간단하다. 우리 자신이 중요하다. 믿음은 다른 말로 하면 '소신'(所信)이다. 소신의 사전적 정의는 "굳게 믿고 생각하는 바"라고 한다. 바깥이 아니라 내 마음 안에 있는 것이다. 우리 안에 진리에 대한 소신이 있어야 한다. "누가 뭐래도 나는 이렇게 한다", "환경이 어떻든 나는 내가 믿는 바를 따라 산다!" 당신의 믿음은 무엇인가? 진리가 무엇인가? 이미 우리 안에 있다. 문제는 내가 그것을 소신 있게 여기느냐는 것이다.

　당신이 CEO라면 어떤 직원을 채용할 것인가? 서류만 보고 뽑을 것이 아니라 눈빛이 다른 사람을 뽑아야 한다. 나는 눈빛이 가장 중요한 시대가 올 거라고 생각한다. 될 사람은 눈빛이 다르다. 예배 시간에도 말씀을 더 받으려고 애쓴다. 내가 대학교 때 공부를 열심히 하려고 앞자리에 앉아 교수님의 눈을 뚫어져라 쳐다보면서 수업을 들었다. 그런데 문제는 잠을 이기지 못했다. 앞자리에 앉기는 했지만 눈의 흰자만 보일 정도로 눈이 뒤집힐 때가 많았다. 그렇지만 내가 교수라면 그런 학생이 예뻐 보였을 것이다. 오죽했으면 교수님이 자기가 마시던 커피를 내게 주었겠는가? 공부를 잘하고 못하고의 문제가 아니라 임하는 자세가 중요한 것이다. 하나님께서 어떤 사람을 쓰시겠는가? 하나님은 눈빛이 흐리멍덩한 사람을 안 쓰신다. 다시 강조한다. 신앙에서 가장 중요한 것은 자세와 태도이다. 하나님 앞에 어떤 태도로 있을 것인가에 대한 문제이다.

　청년들은 기억하라. 회사에서 부장까지는 대강 스펙으로 올라간다. 그런데 임원으로 올라가려면 그것만으로는 안 된다. 눈빛이 중요하다. 즉 마음의 태도가 중요한 것이다. 저 사람은 벌써 분위기부터 다르다는 것을 최고 리더는 알아본다. 어떤 사람이 성공하는가? 패스트푸드점에서 아르바이트를 해도 눈빛과 마음의 태도가 다른 사람이 세상을 바꾼다. 눈빛은 속일 수 없다. 눈은 마음의 창이기 때문이다. 골리앗을 향한 다윗의 마음의 태도가 하나님이 다윗을 선택한 이유이다.

아내와 연애할 때 내가 아내의 눈을 쳐다보고 있으면 아내가 내 눈빛이 너무 강렬하다면서 자기 얼굴을 가렸다. 하지만 이것이 사랑이다. 예수님이 우리를 흐리멍덩한 눈으로 바라보시는 것이 아니다. 사랑의 눈으로 쳐다보신다. 확실하게 보신다. 그러니 우리 역시 확실해야 한다. 그 확실함이 '소신'이다. 우리는 믿는 바가 확실해야 한다. 그 사람은 실패와 성공에 연연해하지 않는다.

실패한 인생이 불쌍한 인생이 아니다. 진짜 불쌍한 인생은 후회하는 인생이다. 성공이냐 실패냐를 말하는 것이 아니다. 성경은 우리에게 최선을 다하라고 이야기한다. 예수를 믿어도 최선을 다해 믿어보라는 말이다. 그럴 때 우리의 삶 가운데 어떤 일이 일어나는지 믿어보라는 말이다. 구경하는 군중 사이에서 나와 제자가 되어보라! 당신을 통해 하나님의 나라가 이루어지는지 안 이루어지는지, 기적이 일어나는지 안 일어나는지, 예배를 구경하지만 말고 하나님나라를 경험하라는 말이다. 구원을 경험하고 성령을 알라는 것이다. 말씀이 육신이 된 것처럼 진리는 지식이 아니라 경험하는 것이다.

성도들이 깨어나기를 바란다. 아버지는 지식으로 아는 것이 아니라 경험으로 안다. 아버지를 지식으로 알고 자꾸 분석하려고 하니까 비난하는 것이다. 우리가 진짜 하나님이 어떤 분인지 알게 되면 우리 안에 하나님을 경외하고 예배하는 삶이 일어나지 않을 수 없다. 성경 66권에 기록되어 있고 수많은 신앙서적들이 그 사실을 보여준다. 신앙의 성인들이 있고 신앙의 증거가 있고 표적과 기사가 있다. 그 기적은 지금도 일어나고 있다. 그 예수는 오늘 우리 안에 살아 있다. 문제는 내 안에 소신이 없다는 것이다.

진짜 제자는 현장에서 만들어진다

주님이 제자들에게 딱 한 가지 믿음을 가지라고 말씀하셨다.

오직 의인은 믿음으로 말미암아 살리라 롬 1:17

그 믿음은 어디에서 주어지는 것이 아니라 이미 우리 안에 있다. 그런데 그 일들이 왜 안 일어날까? 이유는 하나다. 우리가 현장으로 가지 않기 때문이다. 예수님의 제자들이 어디에서 성장했는가?

예수께서 열두 제자를 불러 모으사 모든 귀신을 제어하며 병을 고치
는 능력과 권위를 주시고 하나님의 나라를 전파하며 앓는 자를 고치
게 하려고 내보내시며 눅 9:1-2

예수님은 제자들을 내보내셨다. 제자는 교회 안에서 키우는 것
이 아니다. 성경공부를 통해 양육되는 것이 아니다. 예수님의 제
자는 필드(field)에서 양육하는 것이다. 예수님이 모든 귀신을 제
어하고 병을 고치는 능력과 권위를 설교로 가르치셨는가? 예수님
은 말씀을 선포하셨다. 예수님은 그 능력이 이미 우리 안에 있다
고 가르쳐주셨다. 우리 안에 예수의 영이 있다는 것이다. 당신 안
에 그 능력이 있음을 믿기 바란다. 우리는 이것 때문에 기뻐해야
한다. 이 복음이 우리 안에 실제가 된 것이다. 하나님을 선포하고
병든 사람을 고치게 하려고 예수님은 제자들을 현장으로 내보내
셨다.

언제 우리가 아버지의 마음을 알 수 있을까? 아주 간단하다. 내
가 아버지가 될 때다. 자매들은 언제 어머니의 마음을 알 수 있을
까? 아이를 낳아보면 안다. 그것이 실제다. 그전까지는 다 추상적
이다. 그러면 우리가 언제 제자를 알까? 우리가 제자를 세울 때
아는 것이다. 제자는 성경공부로 만들어지지 않으며, 내 삶을 헌
신해야 하고, 내가 함께 뛰어야 한다는 것을 알게 된다. 그때 제

자가 만들어지는 것이다. 추상적인 것이 아니다. 예수님은 제자들을 그렇게 보내셨다.

> 제자들이 나가 각 마을에 두루 다니며 곳곳에 복음을 전하며 병을 고치더라 눅 9:6

하나님의 영은 교회 건물에 갇혀 있지 않다. 하나님의 영은 어디에나 있다. 천지만물에 하나님의 영이 있다. 더 구체적으로 말하면 우리가 가는 곳마다 하나님의 영이 있다. 문제는 우리가 믿고 시도해야 안다는 것이다. 아픈 사람을 보면 기도해보라. 거리에서도 기도해보라. 실패와 성공은 주님께 달려 있다. 복음을 전해보라. 실패와 성공은 주님께 달려 있으니 우리는 해볼 뿐이다. 그래야 우리가 하나님나라의 실제를 경험하게 된다.

성령이 만드시는 제자

"현장에 있는 사람들을 격려하라!" 나는 우리 교회 청년들에게 감사한다. 그들이 직면한 환경과 실제 삶의 터전에서 열심히 달리고 있는 청년들을 격려하라고 하시는 주님의 마음을 느낀다. 실패와 성공이 문제가 아니라 확신이 있다면 우리는 예수 믿은 것을 후회하지 않는다. 예수님을 확실히 믿는 것이 왜 후회인가?

한 번뿐인 인생인데 죽으면 어떻게 될까? 눈을 딱 떴는데 지옥에 있으면 어떻게 할 것인가? 생각만 해도 끔찍하다. 그러나 우리에게 영원한 생명보험이 있다. 최선을 다해 믿어서 손해날 것이 없다. 무엇에 도움이 돼도 된다. 하나님을 열심히 믿어 손해 볼 것이 없다는 소신과 확신을 가지고 나가기를 바란다. 그 일들이 우리 가운데 일어나기를 바란다.

명심하라. 현장의 감각을 잃으면 끝이다. 현장감이 있어야 한다. 그래서 선교도 필드로 나가보라고 하는 것이다. 한번 나가보면 선교에 대한 생각이 바뀐다. 직접 경험해보아야 한다. 그 경험이 스승이 되게 하라. 성령이 당신을 가르칠 수 있도록 하라. 목회자는 설교를 통해 방향성만 제시할 뿐이다. 나는 제자를 만들 수 없다. 성령이 친히 제자를 만드신다. 실패하고 좌절할 때 성령께서 실패가 끝이 아니라고 격려하시고, 성공한 사람에게는 자만하지 않도록 성령께서 붙잡으실 것이다. 성령님이 당신을 이끄실 것이다.

소신이 필요한 시대다. 자기 확신이 필요하다. 그것이 내 안의 믿음이다. 믿고 소신 있게 나가면 성령이 임할 것이다. 성령이 임하면 영의 눈이 떠진다. 성령님이 그 빛을 비춰주실 것이다. 당신을 통해 반드시 이 세상이 변화될 것이다.

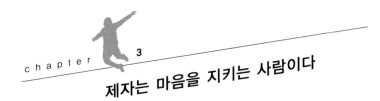

chapter **3**

제자는 마음을 지키는 사람이다

●사도행전 16:23-25

성경은 왜 군중의 삶이 아닌 제자의 삶을 조명하는가? 제자가 중요하기 때문이다. 복음서에는 예수님과 제자들의 삶의 이야기가 펼쳐진다. 복음서에 나타난 제자의 삶과 사도행전에 나타난 제자의 삶은 완전히 다르다. 같은 사람이지만 'before'(이전)와 'after'(이후)가 다르다. 주님을 만나서 구원받았다는 것은 전과 후가 다르다는 것이다.

진짜 제자는 군중이 아닌 예수님을 따라가는 사람이다. 그러니까 성경이 예수님을 따라가는 삶을 조명하고 있는 것이다. 우리도 예수님을 따른다. 그저 교회에 왔다갔다하는 것이 예수님을 따르는 것일까? 예수님을 따라간다는 것은 신앙이고 믿음의 문제이다. 결국 신앙은 인간의 삶에 일어나는 고통의 문제에 대한 답을 찾는 것이다. 내 인생에 아무런 문제가 없다면 예수님을 따를 필요가 없을 것이다. 예수님이 이 땅에 오신 이유는 이 땅이 고통받고 있기 때문이다.

고통은 하나님을 만날 수 있는 문이다

고통의 문제는 추상적인 이야기로 끝나지 않는다. 고통의 문제는 '실제'(real)다. 당신의 삶 가운데 고통의 순간을 한 번 떠올려 보라. 고통은 대단히 실제적이다. 방금 제대한 청년에게 "너, 다시 군대 갈래?"라고 물으면 고개를 절레절레 흔들 것이다. 부대가 있는 쪽으로는 쳐다보지도 않고 근처에도 가지 않겠다고 다짐한다. 왜 그런가? 힘들었기 때문이다. 군대에서 휴가를 나온 청년에게 "또 나왔어?" 이렇게 말하면 섭섭해한다. 그 형제에게는 힘든 만큼 기다리고 기다린 귀한 휴가이기 때문이다. 언제 전역하느냐고 물었을 때 한두 달 남았다고 답하면 "어? 벌써?"라는 말에 청년은 절망한다. 이렇듯 고통의 문제는 추상적인 이야기가 아니라 실제다. 당신이 육신의 고통 가운데 있든지, 관계의 고통 가운데 있든지, 재정의 고통 가운데 있든지, 아니면 말 못할 문제 가운데 있든지 그것은 실제 문제다.

그런데 아이러니하게도 고통의 순간에 인간은 가장 본질적인 질문을 한다. 처음에는 고통 그 자체로 힘들다. 여기저기 외부에서 그 원인을 찾느라 외부 환경을 살핀다. 그런데 고통에는 속성이 있다. 어떤 고통이든 고통은 외부에서 시작해서 내면으로 들어온다는 것이다. 따라서 시간이 흐를수록 나의 내면에서 질문들이 일어나기 시작한다. 고통이 길어질수록 그 문제가 실제적인 삶의 무게로 다가온다.

'왜 힘든 거지? 원인이 뭐지? 어디서부터 잘못됐지?'

이렇듯 내면에서 엄청나게 고투하다가 마지막에 도달하는 곳이 있다. 마지막 질문은 결국 초월자 하나님께 다다른다. 왜일까? 고통 자체가 인간의 능력을 초월하기 때문이다. 만약에 내가 고통을 컨트롤할 수 있다면 그것은 고통이 아니다. 잠깐 힘들고 마는 것이다. 예를 들어 조금 어지럽고 몸이 쑤실 수 있다. 내가 그것을 조절할 힘이 있다고 느끼면 조절하면 된다. 그런데 내 역량을 넘어서면 드러눕게 된다. 내 힘으로 안 되는 순간이 고통스러운 것이다. 이 고통의 끝, 내면의 질문의 끝에서 우리는 초월자 하나님을 찾게 된다.

하나님을 믿는다는 것은 그분이 내 안에 명확히 인식된다는 것이다. 내가 진짜 제자가 되어 예수님을 따라가려고 하는데, 그분이 추상적이라면 못 따라간다. 예수님이 내게 너무나 분명한 존재라서 따라가지 않을 수 없는 것이다. 그런데 전능하신 하나님과 예수님의 존재가 우리 안에 분명히 느껴지는 순간은 아이러니하게도 인간이 가장 연약한 고통의 순간이라는 것이다. 그 순간에 인간은 단순해진다.

우리의 삶에는 여러 가지 신경 써야 할 것들이 많다. 그런데 나를 정말 어렵게 하는 고통의 문제에 직면해보라. 고통이 깊어지면 삶이 단순해진다. 다른 무엇도 신경 쓰지 않는다. 고통의 문제만 남게 된다. 육신의 질병 때문에 힘든 사람에게 다른 것은 필요 없다. 다른 것은 다 내려놓게 된다. 건강의 문제가 있다면 승진하려던 꿈도 내려놓게 되어 있다. 건강 문제에만 집중하게 된다. 오히려 고통의 문제로 단순해지기 때문에 하나님을 만날 수 있는 환경이 조성되는 것이다. 분주하면 하나님을 만날 수 없다. 쳐다보는 것이 많으면 하나님을 만날 수 없다. 하나님을 만나려면 집중해야 한다. 그래야 하나님을 만날 수 있다.

그래서 고통은 힘들지만 하나님을 만날 수 있는 문(gate)이다. 이 시대의 교회는 '고통의 문제'에 답해야 한다. 일시적으로 고통을 덜어주는 모르핀 같은 메시지로 성도들을 속여서는 안 된다. 고통이 없다고 이야기하면 안 된다. 삶은 고통이기 때문이다. 문제는 이 고통의 문제를 어떻게 해석할 것인가에 달려 있다. 내 신앙으로 고통의 문제를 어떻게 바라볼 것인가? 고통의 문제는 하나님을 만나는 가장 강력한 단계의 문이다.

고통의 문제를 어떻게 해석할 것인가?

인간은 왜 고통스러운가? 언제부터 고통스러워했는가? 성경에서 말하는 고통의 원인은 분명하다. 죄 때문이다. 죄를 짓고 나서부터 고통스러워했다. 죄를 짓기 전에 에덴에서 하나님과 함께했던 인간의 삶에는 고통이 없었다. 여기서 중요한 질문을 해보자. 인간이 왜 죄를 지었을까? 원래 인간이 악해서 죄를 지었을까? 성경을 보라. 인간은 원래 악한 존재가 아니다. 하나님이 아담을 창조하실 때 악함이 있었을까? 하나님의 형상에 악함이 있었을까? 인간이 악해서 죄를 짓는 것이 아니다. 그것은 죄성 때문이다.

더 근본적인 질문을 해야 한다. 내 안에 예수의 영이 있다. 그러면 예수의 영이 있는데도 나는 왜 시험에 들고 죄를 지을까? 왜 유혹에 빠질까? 내가 악해서 그런가? 물론 본질적으로는 그렇다. 그러나 더 깊은 내면을 들여다봐야 한다. 인간이 죄를 짓는 원인은 인간이 악해서가 아니라 '약해서'이다. 약해서 죄를 짓는 것이다. 약하다는 것은 우리가 하나님과 같지 않다는 말이다. 그 말은 우리가 하나님이 반드시 필요한 존재라는 것이다. 인간은 약하다. 강한 사람은 자기 혼자 살 수 있다고 여긴다. 다 필요 없고 나혼자 살 수 있다는 것이다. 가정에서도 가부장적인 사람이 있다. 그들은 왜 항상 강한가? 자기가 가족을 다 먹여 살리고 가정을 일궈왔다고 생각하니까 강한 것이다. 그 안에 당당함과 자신감이 있다. 그러니까 다른 가족이 자신에게 잘해야 한다고 생각한다. 그러나 그 사람에게도 반드시 인생의 겨울이 오게 되어 있다.

하나님을 아는 사람들의 특징은 '하나님의 시간'을 안다는 것이다. 하나님의 계절을 아는 것이다. 하나님의 시간 안에 우리의 인생이 있다. 우리는 10대, 20대, 30대, 40대의 시간을 보내고, 50대, 60대 그리고 그 이후의 시간을 보낸다. 시간은 붙잡을 수가 없다. 그러니까 하나님을 안다는 것은 시간의 본질, 시간의 속성을 아는 것과 같다. 이것은 예수를 믿고 안 믿고의 문제가 아니다. 꼭 교회에서만 듣는 이야기도 아니다. 인간의 마음 안에 있는 본질적인 질문들이다. 누구나 이 질문을 하게 되어 있다.

예수님을 믿으면 지혜로워진다고 하는데, 그것은 때와 계절에 맞춰 시간을 잘 보내는 능력을 가졌다는 뜻이다. 가장 현명한 사람은 이 세상의 겨울을 잘 보내는 사람이다. 농부를 생각해보라. 농부는 봄여름가을에 열심히 일한다. 그런데 대부분의 농부들이 겨울에 망한다. 할 일이 없으니까 모여서 거의 노름을 한다. 그때 농부들이 타락한다. 겨울에 잘 준비해야 봄여름가을을 다시 뛸 수 있다. 그래서 겨울이 가장 중요하다. 내 말이 이해되는가? 50대 이상인 분들은 내 말이 무슨 뜻인지 알 것이다. 그 농부의 마음을 알 것이다.

내 인생의 겨울을 잘 보내야 나머지 계절도 잘 보낼 수 있다.

결국 내 인생의 겨울인 고난과 고통의 시간을 아껴서 잘 살아야 한다. 이것을 어렵게만 생각하지 말고 오히려 이때 나의 기름을 모으는 것이다. 모든 사람이 기름을 낭비할 때 하나님의 영적인 사람들은 나머지 시간에 뛸 수 있는 기름을 모은다. 에너지를 비축하는 것이다. 이것이 중요하다. 결국 인생의 성공은 우리가 어떻게 겨울을 보내느냐에 달려 있다. 이렇듯 그리스도인은 고난을 바라보는 눈이 달라야 한다.

그리스도인의 약함이란?

우리가 죄를 짓고 고통받는 이유는 약하기 때문이다. 그런데 세상에서는 약하면 짓밟힌다고 생각한다. 강함이 모든 능력이 된다고 여긴다. 그래서 스스로 강해지려고 노력한다. 하지만 우리는 약함을 다르게 해석해야 한다. 그렇다면 그리스도인에게 약함이란 무엇인가? 그리스도인이라면 이 약함을 어떻게 정의해야 하는가? 인간은 원래 약하다. 여기서 약함은 무능력한 것이 아니라 하나님이 필요한 상태를 말한다. 하나님이 필요한 존재, 그것이 인간이다. 고통의 순간에 우리는 약해진다. 그 순간 그 어느 때보다도 하나님을 절실히 만날 수 있고, 하나님을 증명할 수 있는 단계에 있게 되는 것이다.

나는 목회하면서 청년들을 많이 만났다. 그중에 세상을 바꾸겠다고 하던 청년들이 많았다. 지금은 아이 엄마가 된 자매들도 청년의 때에는 참 뜨거웠다. 그런데 결혼하고 나서 아이를 낳고 자매들의 삶이 없어진다. 예배 시간에 뒷자리에서 예배드리랴 아이 돌보랴 정신이 없다. 그들도 한때는 주(主)를 위해 열방으로 나가는 꿈이 있었다. 예배 시간에 쩔쩔매는 지체들을 찾아가 "주님이 너와 함께하신다"라고 기도해주면 다들 엉엉 운다. 청년일 때 눈물이 없던 자매들도 아이 낳고 힘들어지니까, 고통 중에 있으니까 마음이 약해져서 운다. 비록 유아실에서 예배를 드리고 있지만 이곳에 하나님이 함께 계신다고 기뻐한다. 그렇다. 우리는 약함을 다르게 봐야 한다.

이 시대의 강단에서 어떤 메시지가 선포되어야 하는가? "당신도 강해져라. 그래서 이 세상을 힘으로 다 뒤집어버리자!" 이런 메시지인가? 힘으로 뒤집는 것은 누가 못할까? 항공모함에서 폭격기로 핵폭탄을 투하하면 세상은 뒤집어진다. 그러나 세상은 그런 것으로 바뀌지 않는다. 무엇이 진짜 힘인가? 사람의 마음을 움직이는 사람이 되어야 한다. 진짜 혁명은 외부가 아니라 내면에서 일어나는 것이다.

고통이 만들어주는 진실의 공간
고통의 시간이 내 삶에 만들어주는 장소가 있다. 고통은 내 안에 혼자만의 공간을 만들어준다. 나는 이곳에서 나를 정확하게 볼 수 있다. 고통이 만들어낸 혼자만의 공간에서 내 능력치가 정확하게 드러난다. 목사는 강단에 서서 거룩한 모습으로 설교한다. 그런데 사람들 앞에 드러난 그 모습이 과연 진짜 모습일까? 아니다. 목사도 고통을 당해봐야 진짜 실체가 나타난다. 고통의 순간이 오면 모든 것이 적나라하게 드러난다. 내 안에 감정의 한계, 능력의 한계가 혼자만의 공간에서 정확하게 나타난다.

그런데 우리는 그 순간이 축복이라는 사실을 알아야 한다. 왜냐하면 그 공간에는 아주 본능적인 것만 남기 때문이다. 날 것, 가공하지 않은 것이다. 가공한 것은 포장이 되지만, 혼자 있는 공간에서는 가공하지 않은 것들이 주는 충격과 직면하게 된다. 그러니까 정직해질 수밖에 없다. 거기서 내 모습을 마주하게 된다.

제자들 안에 있는 절망과 고통

복음서의 제자들은 바로 이 고통 가운데 있었다. 그들은 절망과 고통 가운데 예수님을 따라갔다. 하지만 그들 안에 연약함이 있었다. 사실 그 연약함이 죄성이다. 예수님이 십자가에 죽으시자 제자들은 실패하고 좌절하고 낙망했다. 요한복음에 이들의 상황이 잘 나와 있다.

시몬 베드로가 나는 물고기 잡으러 가노라 하니 그들이 우리도 함께 가겠다 하고 나가서 배에 올랐으나 그날 밤에 아무것도 잡지 못하였더니 요 21:3

제자들은 예수님이 부르시기 이전으로 돌아갔다. 다시 공허한 인생으로 돌아간 것이다. 예수님을 만나기 전에 제자들의 모습이 이랬다. 밤새 수고했지만 아무것도 잡지 못했다. 그런데 예수님을 만났고 예수님이 이제 물고기가 아니라 사람을 낚는 어부가 되게 하겠다고 말씀하셨다. 다른 삶을 살도록 해주겠다는 것이다. 예수님은 그들을 택하시고 따라오라고 하셨다. 그런데 결국 제자들은 연약함 때문에 예수님을 버리고 배반한다. 실패하고 좌절한다. 제자들에게는 그 어느 때보다 고통스러운 순간이다.

그런데 그 고통이 어디 있는가? 외적으로 무너져 보이지만 사실은 그들의 내면이 무너진 것이다. 헤어날 길이 없어 보인다. 한번 생각해보라. 수치, 절망감, 좌절, 낙망, 이 모든 것이 그들의 내면에 다 들어온 상태다. 그들은 물고기를 잡겠다고 배를 탔다. 그날 밤에 그들은 한 마리도 잡지 못했다. 그들의 내면의 상태를 그대로 표현한 것이다. '결국 인생이 이런 것이구나. 모두 다 뿔뿔이 흩어지고 좋은 시절이 없구나. 허무하다. 내 인생….'

날이 새어갈 때에 예수께서 바닷가에 서셨으나 제자들이 예수이신
줄 알지 못하는지라 요 21:4

동틀 무렵이 되었다(4절, 새번역). 하지만 동이 트고 날이 밝아 와
도 답은 없다. 낮에도 밤에도 그 마음은 절망인 상태다. 복음서의
제자들은 한마디로 절망과 실패 가운데 있다. 고통이 힘든 이유는
그 고통을 해결하지 못하는 나 자신이 너무 실망스럽기 때문이다.
결국은 겨울이 찾아온다. 다시 말해 실패한 나를 보는 것이다.

나는 수렁에 빠진 상태다. 수렁은 의식할수록 더 깊이 빠진다.
고통을 인식하고 '어서 빠져나가야지' 하고 마음먹는다고 빠져나
올 수 있을까? 이미 오랜 고통 가운데 있는 사람은 노력으로 해결
되지 않는다는 것을 알고 그 절망감이 더 깊어진다. 움직이면 움
직일수록, 힘을 쓰면 쓸수록 수렁에 더 깊이 빠진다. 시편에도 주
님이 깊은 수렁에 빠진 우리를 건지신다고 하신다. 수렁에 빠지
면 내 힘으로는 나올 수 없다. 내 힘으로 해결할 수 있다면 그것
은 고통이 아니라 그냥 어려운 것이다. 성경에서 말하는 고통은
내 힘으로 해결할 수 없는 상태를 말한다. 그 계절이 내 인생 가
운데 올 수 있다. 우리 가정에, 우리나라에 올 수 있다.

수렁에 빠지면 기대에 미치지 못하는 내 모습을 보고 실망한
다. 내가 이 정도 하면 헤쳐 나올 수 있을 것 같아서 노력했는데

도 나오지 못하는 것이다. 예전에 교회 차가 진흙탕에 빠진 적이 있었다. 그때 엑셀을 아무리 밟아도 소용이 없었다. 차바퀴를 돌리면 돌릴수록 더 깊이 빠진다. 자체적인 동력과 엔진으로는 빠져나올 수 없다. 헛바퀴만 도는 것이다. 끝내 견인차를 불러야 했다.

이것이 힘들다. 밤새 그물을 내렸지만 한 마리도 잡지 못한 것과 같다. 고통은 우리를 지치게 한다. 오늘날 현대인들의 마음 안에도 수렁이 있다. 그렇다면 복음서의 제자들은 수렁에서 어떻게 나왔을까? 그들의 힘으로 할 수 있는 것은 아무것도 없었다. 반복해서 노력해도 해결되지 않았다. 당신도 혹시 그렇다면 빨리 정신을 차려야 한다.

수렁의 은혜를 경험한 제자

소망은 동틀 무렵 주님이 제자들을 찾아가셨다는 것이다. 복음서의 제자들이 수렁에서 나올 수 있었던 이유는 무엇인가? 그들이 수렁에서 빠져나오려고 노력하면 그럴수록 더 힘들어지겠지만, 그 순간에 주님이 그들을 찾아오셨다는 것이다. 당신에게 그 일들이 일어날 것이다. 그들이 비록 실패하고 좌절했더라도 그 안에 예수님에 대한 작은 소망이 있다면 그가 제자다. 어떤 상황에서도 그 작은 소망의 불씨를 꺼뜨리지 않는 것이다. 활활 타오르지 않아도 된다. 어떻게 수렁에 빠진 삶이 활활 타오르겠는가? 중요한 것은 아무리 어려운 상황에서도 주님을 향한 작은 불씨 하나만큼은 지키는 것이다. 그러면 주님이 오신다. 이것이 진리다.

주님의 뜻대로 살기 위해 제자의 삶을 결단했는가? 그렇다면 어려움이 찾아온다. 그러나 실망하지 말라. 주님은 제자들을 찾아가신다. 예수님을 따르고자 하는 자에게 찾아가셔서 그의 문제를 해결하신다. 제자들이 밤새 수고했지만 아무것도 잡지 못했을 때 예수님은 그들을 찾아가셨다. 수렁에서 나오는 길은 오직 그하나다.

이르시되 그물을 배 오른편에 던지라 그리하면 잡으리라 하시니 이에 던졌더니 물고기가 많아 그물을 들 수 없더라 요 21:6

예수님은 언제나 이런 분이다. 처음 제자들을 부르실 때도 그들이 밤새 수고했지만 한 마리도 잡지 못했다. 그런데 예수님이 깊은 데로 가서 그물을 내리라고 하셨고 그렇게 했을 때 그물이 찢어질 정도로 고기를 많이 잡았다. 이번에도 예수님은 절망과 실패의 수렁 속에 빠져 있는 제자들을 찾아가셨다. 그리고 배 오른편에 그물을 던져서 고기를 잡으라고 말씀하셨다. 그러자 고기가 너무 많아 그물을 끌어올릴 수 없는 지경이 되었다. 이 소망의 실제가 예수님이다. 이 예수님을 붙잡을 수 있기 바란다.

그렇다면 누가 제자가 될까? 이 수렁의 은혜를 경험한 자가 제자가 된다. 하나님의 사람에게는 반드시 광야의 시간이 있다. 모세도 그랬고 다윗도 그랬다. 부르심에서 끝나지 않는다. 반드시 광야의 시간을 보낸다.

"목사님, 광야의 시간은 왜 이렇게 길까요?"

하나님의 시간에서 보면 아무것도 아니지만, 고통스러우면 내 시간으로는 1분도 너무 길다. 그러나 내 시간이 아닌 하나님의 시간으로 보면 다르게 보고 불안해하지 않을 수 있다. 그 수렁의 은혜를 경험해야 제자가 된다. 요한복음 21장의 사건 이후 제자들은 사도행전의 제자들로 배출된다.

지금 당신에게 수렁이 있는가? 고통의 시간을 보내고 있는가? 주님이 당신에게 다가오시는 시간이다. 이 시간들을 다 경험하기 바란다. 그때 주님을 만나는 것이다. 가장 강력한 관계는 좋을 때가 아니라 어려울 때 만들어진다. 왜 내 아내가 소중한가? 가끔 마음에 안 들 때도 있지만 남편이 왜 소중한가? 함께하기 때문이다. 가족이 소중한 이유 역시 마음에 안 들어도 함께하기 때문이다. 기쁠 때나 슬플 때나 검은 머리가 파뿌리가 될 때까지 함께하기 때문이다. 결국 남는 것은 가족이다. 적나라하게 이야기하면,

세상 사람들이 다 나를 비난해도 가족만큼은 내 편이다. 소중한 존재다. 보통 관계가 아니다.

내게는 교회를 처음 개척했을 때 함께한 교인들이 그렇다. 가장 힘들 때, 아무도 찾아오지 않을 때 함께해준 사람들, 가장 어려울 때 손 잡아준 사람이 제일 기억나지 않는가? 왜 예수님이 우리 안에 각인되는가? 깊은 수렁에 빠진 나를 건져낸 분이 오직 주님이시기 때문이다. 그래서 우리가 울고 감격하는 것이다.

'아, 그분밖에 없구나!'

그래서 하나님의 존재가 분명해진다.

내면을 지배당하지 않은 사도행전의 제자들

사도행전의 제자들을 보라. 완전히 다르다. 그들이 실제적인 어려움에 빠졌다.

무리가 일제히 일어나 고발하니 상관들이 옷을 찢어 벗기고 매로 치라 하여 많이 친 후에 옥에 가두고 간수에게 명하여 든든히 지키라 하니 그가 이러한 명령을 받아 그들을 깊은 옥에 가두고 그 발을 차꼬에 든든히 채웠더니 한밤중에 바울과 실라가 기도하고 하나님을 찬송하매 죄수들이 듣더라 행 16:22-25

그런데 사도행전에서는 제자들이 고통과 수렁을 대하는 태도가 사뭇 다르다. 매 맞고 핍박받는 겨울이 왔고 수렁에 빠졌는데도 바울과 실라가 다르게 반응한다. 놀라운 것은 자신의 능력 자체를 쓰지 않는다는 것이다. 사탄이 예수님을 광야에서 시험했다. 능력을 써서 하나님의 아들이라는 것을 증명해보라고 예수님을 시험했지만 주님은 그 능력을 쓰지 않으셨다. 신적(神的) 능력을 쓸 수 있지만 안 쓰셨다. 기록된 말씀으로 이기셨다. 내면의 확신과 믿음으로 이기신 것이다.

이 세상은 제자들을 매질하고 깊은 옥에 가두고 발을 차꼬에 채우고 핍박했다. 그들을 묶고 있는 육신적인 환경은 실제로 어려웠고 그 환경에 지배를 받을 수 있었다. 복음서의 제자들은 그 환경과 함께 내면까지 지배를 받았다. 하지만 수렁을 이겨본 제자들, 십자가를 통과한 제자들, 예수님의 존재를 확실히 믿은 사도행전의 제자들은 내면을 지배당하지 않았다. 환경이 아무리 힘들어도 내면을 빼앗길 수 없다. 그것이 제자다. 내면이 무너지지 않는다. 그들은 강하고 감정적으로 무너지지 않는다. 무너질 수밖에 없는 환경인데도 제자들은 다른 것이다.

내 아버지가 그 증거다. 아버지는 명동의 큰 갈빗집 아들이었다. 그때만 해도 잘살았다. 그 땅만 남아 있었어도 생활이 달라졌겠지만, 그러면 나는 목사가 안 될 수도 있었다. 예수 믿고 나서 집안 형편이 어려워졌다. 그런데 그 어려움 속에서 세상이 줄 수 없는 하늘의 능력을 받았다. 내면이 강해졌다. 비록 아버지가 우리에게 먹을 것, 입을 것을 풍족히 사주지는 못하셨지만, 아버지는 3년 동안 매일 자녀들과 함께 산책을 하셨다. 돈이 다가 아니다. 사춘기 때 우리의 마음이 어려울까봐 대화를 하며 우리의 내면을 지켜주셨다. 세상이 돈과 힘과 능력으로 할 수 없는 그 일들을 우리가 해야 한다. 우리의 마음을 지키고 부유케 해야 한다. 그것이 제자다.

어려운 상황에서도 절망하지 않고 가족들이 다 함께 예배를 드렸다. 네 식구가 누우면 꽉 차는 단칸방에서 할머니도 모셨다. 수도 시설도 없었다. 그 속에서 날마다 예배하며 마음을 지키는 법을 배웠다. 고통의 수렁을 통과해본 사람은 좋은 환경이 와도 그 마음이 변질되지 않는다. 예수님이 계시기 때문이다. 그러나 수렁을 제대로 통과하지 않았다면 다시 환경이 좋아지면 변질되기 십상이다. 수렁에 들어갔는가? 그렇다면 수렁에 제대로 빠져야 한다. 어설프게 경험하면 하나님을 만나지 못한다. 그래서 우리가 주님밖에 없다고 분명하게 인식하는 순간, 자기 내면을 지켜질 수 있는 것이다. 그 하나님을 만나야 한다. 수렁에 완전히 빠지면 하나님을 찾지 않을 수가 없다.

이 제자들을 보라. 바울이 어떻게 하나님을 만났는가? 그가 어떤 수렁에서 하나님을 만났는가? 이제 안 것이다. 그들은 찬양을 불렀다. 환경은 그들을 묶었지만 그들의 마음은 하나님께 찬양할 수 있었다. 복음서와 마찬가지로 사도행전에서도 하나님의 능력은 초자연적으로 나타났다. 지금 고통 가운데 있는가? 어려움 가운데 있는가? 그 고통과 어려움 가운데 하나님의 능력이 반드시 부어진다는 것을 믿기 바란다. 하나님께서 이 수렁에서도 나와 함께하신다. 내 안에 그 확신이 있어야 한다. 진짜 강함이 무엇인가? 그것은 외적인 것이 아니다.

부유하고 강건한 마음이 진짜 능력이다

우리의 내면은 그리스도의 영이 없으면 무너진다. 어떠한 화려한 사람도 내면이 무너진다. 그러나 예수님을 믿으면 내면이 강해진다. 내면의 속사람이 강건해진다. 그래서 견딜 수 있고 승리하게 된다. 그런데 거기서 그치지 않는다. 하나님을 찬양하는데 하늘의 능력이 나타난다. 우리의 수렁이 해결되려면 하늘 문이 열려야 한다.

수렁에 빠질수록 예배하라. 예배할 때 하늘 문이 열린다. 지진이 일어나서 옥문이 열리고 죄수들의 차꼬가 풀어졌다. 자다가 깬 간수들이 너무 놀란다. 죄수들을 지키지 못하면 자기 목이 날아가기 때문이다. 죄수들이 다 도망한 줄 알고 간수가 자결하려고 할 때 바울이 "네 몸을 상하지 말라 우리가 다 여기 있노라"(행 16:28) 하고 큰소리로 외쳤다. 그 환경에 묶여 있었다면 도망해야 마땅한데, 제자들은 이미 그것을 넘어본 사람들로 오히려 간수를 다독인다.

제자들의 내면이 얼마나 부유하고 강건한가? 간수들이 무서워 떨다가 드디어 그들의 진짜 능력을 보게 된다. '그들이 진짜 하나님의 사람이구나!' 세상에서 한 번도 보지 못한 사람들을 본 것이다. 옥문이 열렸는데도 도망가지 않고 오히려 자신들을 돌보며 걱정하지 말라고 하는 사람, 진짜 자유한 사람을 보고 간수는 바울과 실라 앞에 엎드려서 구원해달라고 요청한다. 이때 그 유명한 말씀이 나온다.

그들을 데리고 나가 이르되 선생들이여 내가 어떻게 하여야 구원을 받으리이까 행 16:30

간수가 드디어 본질 앞에 서게 된 것이다.

이르되 주 예수를 믿으라 그리하면 너와 네 집이 구원을 받으리라 하고 주의 말씀을 그 사람과 그 집에 있는 모든 사람에게 전하더라
행 16:31-32

제자들의 삶 가운데 하나님의 놀라운 반전과 능력의 일들이 일어난다. 주님의 제자가 된다는 것은 이런 것이다. 우리의 마음이 세상의 영향을 받지 않게 된다. 주님의 길을 따라가보라. 주님이 가신 그 길을 담대하게 가보라. 고통이 오고 겨울이 올 것이다. 그러나 당신은 다른 삶을 찾게 될 것이다. 불안하지 않고 두려움이 없을 것이다. 낙망하지 않고 좌절하지 않을 것이다. 주님이 함께하시기 때문이다.

내가 예배하면 하늘 문이 열리고 내가 있는 그 곳에서 구원받는 일들이 일어난다. 묶여 있던 그 현장에서 일어나는 것이다. 오늘 하나님의 기적을 보고 싶은가? 고통 앞에 서보라. 그리고 그 고통 앞에서 마음을 무너뜨리지 말고 주님을 찬양하고 영광을 돌려라. 주님은 반드시 그 고통의 문제를 구원의 문제로 바꾸실 것이다. 이것이 믿어지는가? 주님의 제자가 된다는 것은 이렇게 기쁜 것이다.

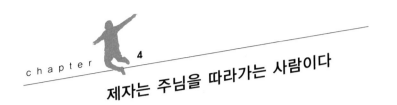

제자는 주님을 따라가는 사람이다

●마태복음 16:24

나는 요즘 '성도들의 삶이 왜 이렇게 어려울까?' 하고 고민한다. 경제적인 어려움 때문일까? 물론 우리 삶에 문제는 항상 있었다. 이 땅에 문제가 없었던 적은 없다. 그런데 왜 우리 삶이 이렇게 어렵게 느껴지는지 가만히 생각해보았다. 결국 믿음의 문제였다. 내가 어떤 믿음을 가지고 있느냐 하는 것이다.

여기서 말하는 '믿음'은 "움직이는 믿음"을 말한다. 땅을 움직일 수 있는 믿음, 효율성 있는 믿음이다. '효율성'이라는 말을 좋아하지 않는다. 하지만 실제 내 삶에 믿음의 실상이 나타나야 하는데, 왜 그 일들이 이루어지지 않는가 하고 봤더니 우리의 신앙이 너무 관념적이고 지식적으로 빠져 있었다. 뭔가 많이 알고 깨달아도 그 깨달음이 삶에 그대로 적용되지 않는다는 것이다. 아는 것은 많아서 머리만 커져 있다. 마음만 먹으면 수많은 설교를 보고 또 들을 수 있다. 매일 수많은 책들도 쏟아져 나온다. 많은 것이 계속 머리로 들어간다. 그러니까 신앙이 관념화된다. 그럴 때 문제는 우리를 붕 떠 있게 한다는 것이다. 내가 뭔가 깨닫고 아는 것 같은데, 삶에서 하나도 적용이 안 된다. 이런 신앙과 깨달음을 죽어 있다고 말한다.

예수님을 따라가는 삶

예수님께서 제자들을 부르신 이유는 진짜 복음, 하나님나라의 복음의 실제를 가르쳐주기 위해서다. 우리의 모든 문제가 풀리고 열매 맺는 일들이 일어나려면 우리의 생각과 사고가 바뀌어야 한다. 어떻게 바꿀 수 있을까?

이에 예수께서 제자들에게 이르시되 누구든지 나를 따라오려거든 자기를 부인하고 자기 십자가를 지고 나를 따를 것이니라 마 16:24

제자는 예수님을 따르는 자들이다. 예수님을 따르기 위한 조건은 자기를 부인하고 자기 십자가를 지는 것이다. 예수님을 따른다고 하면 왠지 많이 헌신해야 할 것 같고, 뭔가 손해 볼 것 같고, 다 희생해야 할 것 같고, 핍박이 많을 것 같다는 생각부터 든다. 우리가 예수님을 따라가기도 전에 이처럼 우리 안에 떠오르는 막연한 생각부터 바꿔야 한다. 우리 안에 있는 거짓들을 빼내야 하는 것이다.

1. 본질적인 질문

사도행전에서 예수님을 따라간 제자들의 삶을 보면 능력이 나타났다. 하나님나라의 실제가 나타난 것이다. 우리가 예수님을 따라갈 때 하나님나라의 능력을 경험하게 된다. 이것은 승리의 삶이다. 루저(loser)의 삶이 아니라 이긴 자의 삶이다. 승리의 삶은 '본질'을 아는 삶을 말한다. 산적한 문제 때문에 삶이 힘들지만, 모든 문제의 이유와 답을 찾아 해결하고 가는 사람은 힘들지 않다. 그것을 해결하지 못하는 사람이 힘든 것이다. 단순하게 생각해보라. 해결되지 않는 문제 때문에 힘이 들지, 해결할 수 있는 문제 때문에 힘들겠는가? 해결할 수 있는 문제는 해결하면 그만이다.

본질을 알고 답을 아는 사람은 내 앞에 어떤 문제가 있어도 언제든 해결할 수 있는 능력이 있다. 다시 말해, 문제에 묶여 있지 않다는 뜻이다. 문제가 있지만 그 문제에 영향을 받지 않는다. 풍랑과 파도가 있어도 영향받지 않는다. 그래서 이 사람은 자유롭다. 옥에 갇혀도 자유롭고 고난이 있어도 자유롭다. 진리를 알면 자유가 임한다는 것이 바로 이것을 말한다. 묶인 것이 없다. 세상 그 어떤 것도 이 사람을 묶을 수 없다. 세상 무엇도 이런 교회를 묶을 수 없다.

하나님으로부터 분리된 죄인 된 인간의 삶은 고통이며 그 고통의 끝은 사망이다. 우리가 하나님 안에 있을 때는 행복하지만 하나님 밖으로 벗어날 때, 즉 과녁에서 빗나간다는 의미의 '죄'(하타, 히브리어) 때문에 인간의 삶에 고통이 시작된다. 죽음이라는 영원한 고통은 해결되지 않는다. 그래서 지옥을 생각하면 끔찍하다. 성경에 나와 있는 불지옥 그 자체도 섬뜩하지만 더 큰 문제는 끝이 없다는 것이다. 끝이 없는 것이 고통이다.

사람마다 불로써 소금 치듯 함을 받으리라 막 9:49

오늘 내 삶에 문제가 있다. 즉 고통이 있다. 그런데 죽으면 끝인가? 그 끝에 행복한 천국이 있을까, 아니면 영원한 고통이 있을까? 우리는 이 땅에서도 천국과 지옥을 똑같이 경험할 수 있다. 내 문제를 해결하지 못하면 지옥이고, 해결할 수 있으면 천국이다. 아주 실제적인 이야기다. 고통의 문제를 우리가 어떻게 대할 것인가? 내 삶의 고통에 눈뜨기 시작하는 단계가 있다. 아이들은 대체로 고통이 뭔지 잘 모른다. 그런데 어느 순간 고통의 문제에 대해 눈을 뜬다. 쉽게 말하면 본질에 눈을 뜨는 것이다. 본질을 향한 갈망의 눈을 뜨는 것이다. 그때 질문이 많아진다. 본질적인 질문들이다.

"인생이란 뭘까?"

"삶이란 뭘까?"

"나는 누구인가?"

그 고통을 보며 이런 질문들을 하게 되는 것이다. 그때 우리는 철이 들었다고 이야기한다. 아이를 낳은 젊은 엄마들이 아이를 키우다보면 부모님의 고통을 알고 부모님을 이해하기 시작한다. 그때 철들었다고 한다. 직접 겪어보지 않고는 알 수가 없다. 우리 교회에서 사역하다가 개척하여 나간 목사님이 사역이 어려울 때마다 내게 전화를 한다. "목사님, 목회가 이렇게 힘든 건지 몰랐습니다. 그때마다 목사님 생각이 납니다." 그러면 나는 속으로 '이제 사역을 알기 시작했구나…'라고 생각한다.

아이와 어른의 차이점이 무엇인가? 아이는 문제에 대해서 진지하지 않은데 어른들은 진지하다. 무게감을 느끼기 때문이다. 그때부터 인생이라는 단어도 무게감 있게 다가온다. 장년부들은 그 무게감을 경험하고 있다. 그래서 청년들과 달리 장년들이 만나는 하나님이 좀 더 깊이가 있는 것 같다. 그 무게감을 알기 때문이다. 그런데 그것이 무게감이기만 해서는 안 된다. 그 무게가 나를 짓누르면 점점 지치게 된다. 주님이 우리에게 오셔서 우리의 인생의 무게, 우리가 진 짐을 보시고 이렇게 말씀하셨다.

수고하고 무거운 짐 진 자들아 다 내게로 오라 내가 너희를 쉬게 하리라 마 11:28

2. 내 인생의 문제

주님이 우리에게 답을 주겠다고 하신다. 그러면 왜 우리는 그 무게를 느낄까? 내 능력이라는 저울에 물건을 올리면 그 무게를 알 수 있다. 내 능력이 10인데 50의 물건이 올라가면 그 저울이 받는 하중이 어떻게 될까? 내가 100의 저울이라면 2,30 정도의 문제를 올려놓아도 가볍게 느낀다. 결국 인생의 무게감은 내 능력의 저울에 따라 체감이 달라진다. 믿음도 똑같다. 어떤 사람은 똑같이 어려운 환경에서도 요동하지 않는다. 변함이 없다. 똑같은 문제인데 왜 그렇게 느끼는 정도가 다를까? 그 사람이 어떤 능력의 저울을 가지고 있느냐 하는 것이다. 그러나 예수님께서 우리에게 주신 저울은 그것을 '0'(영)으로 느끼게 한다. 놀라운 것이다. 완전히 다른 차원이기 때문이다.

이 땅의 차원에서는 내 인생의 무게감을 느끼지만 영적인 차원에서는 그 무게를 감당할 만하다. 아니 감당할 능력이 있다. 재정의 문제, 관계의 문제 그 어떤 것도 당신을 묶을 수 없다. 그것이 예수를 따르는 자들의 삶이다. 그렇다면 질문해봐야 한다. "나는 어떤 인생의 저울을 가지고 사는가?" 어떤 문제만 보면 눌리는 사람이 있다. 문제를 만나면 생각이 눌리고 감정이 눌리고 다 눌려 있다. 도대체 예수 믿는 사람이 맞나 싶을 정도로 부정적이다. 무엇이 문제일까? 물론 나도 그럴 때가 있다. 갑자기 내 안에서 하중을 크게 받을 때가 있다. 그것은 내 안에서 세상의 무게가 그만큼 더 커졌다는 것이다. 세상의 무게를 해결하려면 어떻게 해야 할까? 나의 영적인 저울을 바꿔야 한다. 하중을 느끼지 못하도록 바꿔야 하는 것이다. 그것이 믿음이다.

내 안에서 세상의 무게감이 계속 나를 누르면 어떻게 될까? 생각이 날카로워진다. 그러다가 사고가 난다. 세상은 그 무게감을 스트레스라고 말한다. 스트레스가 많으면 잠을 잘 못 잔다. 그래서 회복이 안 된다. 그런데도 엔진은 계속 돌아가니까 지치고 탈선하게 된다. 그러니까 약물을 의지한다. 현대인들이 불면증에 시달리고 약물 의존도가 점점 높아지고 있다. 신경 쓰는 일이 많을수록 더욱 그렇다. 그렇게 어딘가에 심하게 의존하다보면 그것 없이는 못 살게 된다. 스마트폰 중독도 그중 하나가 아닐까 싶다. 편하면 자꾸 의존하게 된다. 그러나 술이든 약물이든 그것은 내 인생의 문제를 본질적으로 해결할 수 없다. 그래서 외부적으로 무언가 바뀌는 것이 아니라 나 자체가 바뀌어야 한다. 이것이 놀라운 것이다.

믿음의 사람들을 보라. 어떤 사람이 지도자가 될까? 자기 자신조차 달아내지 못하는 영적인 저울을 가진 사람이 과연 리더가 될 수 있을까? 그런 사람이 어떻게 회사의 CEO가 될까? 자기 자신 하나도 달아내지 못하는데 어떻게 남의 문제를 달아낼 수 있을까? 그래서 예수님은 제자들에게 자기 자신을 돌파할 수 있도록 그들의 사고부터 바꿔주셨다. 제자들은 그렇게 하면 안 된다는 것이다. 그의 삶에 능력이 무엇이고, 그의 삶에 어떤 실제가 있는지 주님이 그것을 말씀하신 것이다.

건강한 자에게는 의사가 쓸데없고 병든 자에게라야 쓸데 있느니라

마 9:12

3. 구원은 자유다

예수님이 이 땅에 오신 이유는 분명하다. 우리의 문제를 해결해주시기 위해 오셨다. 우리에게 철학을 가르쳐주려고 오신 것이 아니다. 깨달음을 주려고 오신 것이 아니다. 예수님이 우리에게 오신 이유는 우리의 문제를 해결하고, 죽음의 문제까지도 해결해주기 위해서다. 우리가 예수님이 오신 이유를 정확하게 알아야 한다. 그래서 기독교는 깨달음의 종교 그 이상이다. 깨달음을 넘

어서는 능력이다. 예수님의 사역의 핵심은 치유를 뛰어넘는 '회복'에 있었다. 하나님께서 창조하신 원래의 완벽함으로 복원되는 것이다. 당신에게도 치유를 넘어서는 회복이 있기를 바란다.

구원의 실제적 의미는 고통으로부터의 자유다. 사망의 몸에서 풀려난 상태를 말한다. 예수를 믿음과 동시에 우리가 사망의 몸에서 나온 것이다. 이 땅에 육신의 옷을 입고 살지만 우리는 영원한 나라에서 살아갈 존재다. 사망의 몸과 사망의 생각들이 나를 묶지 못하는 것이다. 사망의 감정이 나를 묶지 못하는 것, 이것이 구원받은 것이다. 십자가에서 내가 죽고 내 안에 예수가 살아났다는 뜻이다. 이들이 그리스도인이고 제자다. 이것이 생명이다. 바로 능력의 삶이다.

제자들의 삶을 기록한 사도행전을 보면 제자들의 삶에 고통과 고난이 가득했지만, 그들은 어떤 상황에서도 그들 안에 있는 자유를 빼앗긴 적이 없다. 가장 놀라운 장면은 스데반이 죽는 장면이다. 스데반은 그 얼굴이 천사의 얼굴과 같았다. 그는 돌에 맞으면서도 하늘을 바라보며 기도했다. 그것을 보는 사울이 큰 충격을 받았다. 스데반이 세상에 없는 것을 가지고 있었기 때문이다. 우리에게는 세상이 줄 수 없는 하늘의 기쁨과 능력이 있다. 이 사실을 믿기 바란다. 이것을 믿지 못하면 자꾸 비교하게 된다. 비교는 우리를 초라하게 만든다. 자꾸 "누가 더 예쁘니?"라고 묻는 백

설공주의 거울을 깨야 한다. 더 이상 그 거울에 물어보지 말라. 다른 사람의 거울에 내가 누구인지를 비춰보지 말라는 것이다. 대신에 절대적인 주님의 거울, 말씀의 거울에 당신을 비추기 바란다. 우리는 그런 존재다. 내 안에서부터 그 일들이 시작되어야 한다.

자기 부인

더 나아가 제자들의 삶 가운데 사람들의 결박을 끊어내는 능력이 나타났다. 그렇다면 무엇이 제자들의 삶을 그렇게 변하게 만들었을까? 그 비밀은 바로 자기 부인이다. 주님은 "누구든지 나를 따라오려거든 자기를 부인하고 자기 십자가를 지고 나를 따를 것이니라"라고 말씀하셨다. 우리는 자기를 거절해야 한다. 1퍼센트도 용납하면 안 되는 것이다. 예수님은 제자들에게 하늘의 능력을 풀어내고 영혼을 구원할 자들이라고 말씀하셨다. 그런 제자가 되려면 먼저 자기를 부인해야 한다. 옛 자아, 옛 모습, 육의 자아를 부인하는 것이다. 육의 생각은 사망이다. 결국 사망을 생각하는 육의 사람을 부인하라는 것이다. 그것은 당신이 아니다. 당신 안에 사망의 생각과 감정을 용납해서는 안 된다. 그것은 옛 자아가 주는 생각이다. 거듭난 자아는 그런 생각을 하면 안 된다. 예수님의 영이 있는 사람들은 생명의 생각을 해야 한다. 비교당하거나 침체되면 안 된다. 자기를 부인하는 것부터 시작해야 한다.

다음 빈칸에 자기 이름을 넣은 다음 "나 OOO는 이미 십자가 위에 나의 옛 자아를 못 박았다"라고 외쳐보라. 십자가 위에 못 박았다는 것은 죽었다는 것이다. 공식적으로 사형선고가 내려졌다는 뜻이다. 그 효력 없는 시체를 왜 다시 꺼내는가? 그러면 능력이 나타나지 않고 실패한 자의 삶을 살게 된다. 마귀의 묶임 가운데 살게 되는 것이다. 그러니까 교회 안에 능력이 없다. 십자가가 능력인데 십자가를 자랑하지 않는 것이다. 십자가의 능력을 말하지 않고 철학, 인문학, 인본주의, 깨달음을 이야기하면 세상 종교와 다른 것이 무엇인가? 다른 것이 아무것도 없다. 우리는 십자가 위에서 진짜 능력을 가져야 한다.

이 십자가가 무엇인가? 예수님이 왜 고통의 십자가를 지셨을까? 우리의 사망의 몸을 끊어내기 위해서다. 그런데 우리는 너무 용납한다. 조금만 어려움이 있고 문제가 있으면 풍랑을 만난 제자들처럼 두려워한다. 두려움은 하늘의 속성이 아니다. 주님은 그 두려움을 거절하라고 말씀하셨다. 인간이 AI(인공지능)와 다른 강력한 능력이 뭔지 아는가? AI는 문제를 해결하려고만 한다. "아니오"(No)를 모른다. 그러다가 나중에 '오류'가 발생한다. 반면에 인간이 가장 빠르게 처리하는 답이 있다. 그 답은 바로 "몰라"다. 문제를 낼 테니 한번 계산해보라. 32,352+4,542+2,532+125=? "모르겠다." 이것이 답이다. 이것도 답이 될 수 있다. 이렇게 할 수 있는 능력이 우리 안에 있다는 것이다. 거절할 수 있는 것도 능력이다. 그런데 우리가 하나님의 뜻은 거절하고 저주를 용납하는 것이 문제다. 거절을 잘하기 바란다. 그 무엇보다 죄의 영향력 아래 있는 나를 거절하라. 이것이 거듭난 사람들의 삶이다.

특별히 자기 능력의 한계를 거절하기 바란다. 육은 내 힘으로 뭔가 노력해서 해결하려고 하지만 결국 벽에 다다른다. 내 힘으로는 할 수가 없다. 그러나 믿음은 십자가를 바라보는 것이다. 십자가를 바라본다는 것은 무엇을 말하는가? 이 고통의 십자가가 내 인생에 들어와서 영광의 십자가로 바뀐 것을 믿는 것이다. 그때 한계가 없어지기 시작한다. 막힌 벽이 무너지고 생각이 바뀌고 숨통이 트이며 두려움이 떠나고 빛이 임하기 시작한다. 이 일들이 일어나야 한다.

내 힘으로 해결할 수 없는 본질의 문제가 무엇인가? 토양이다. 우리가 거듭났다는 것은 토양이 바뀌었다는 것이다. 육이 되었다는 것은 죄가 들어와 저주의 토양으로 바뀌었다는 것이다. 죄지은 아담과 하와에게 내려진 이 땅의 변화가 있다. "땅이 네게 가시덤불과 엉겅퀴를 낼 것이라"(창 3:18). 그런데 문제는 무엇인가?

땅을 경작해도 가시덤불과 엉겅퀴가 계속 나오니까 수고하여 그것들을 매일 제거해야 한다. 그것이 죄의 토양이다. 조금이라도 제거하지 않으면 금세 가시덤불과 엉겅퀴가 자라서 죽은 토양이 된다. 계속 그렇게 하니까 얼마나 힘이 드는가?

내 생각이 육이 되었다는 것은 내 마음에 가시덤불과 엉겅퀴가 계속 자라는 것이다. 그런데 주님이 오셔서 그 토양을 바꿔주셨다. 놀랍지 않은가? 그것이 은혜. 당신 가정의 토양을 바꾸신 것이다. 그래서 심으니까 나는 것이다. 심으면 응답받는 것이다. 우리의 생각과 감정의 토양들이 바뀌어야 한다. 본질이 바뀐다는 것이다. 아무리 좋은 씨앗을 심어도 토양 자체가 바뀌지 않으면 소용이 없다. 씨앗이 문제가 아니다. 하나님의 말씀이 문제가 아니라 토양이 문제. 내가 구원받고 변했다는 것은 그 토양이 바뀌었다는 것을 의미한다. 그때 하나님나라의 능력을 경험하게 된다.

자기 연민을 단호하게 거절하라

죄의 문제는 연민으로 볼 것이 아니라 단호해야 한다. 내 안에 부정적인 생각이 들어올 때 단호해야 한다. 그것이 거절하는 것이다. "예수의 이름으로 명하노니 이 부정적인 생각은 내 생각이 아니다. 떠나가라!" 이렇게 단호해야 하는데, 자기 연민에 빠져서 '불쌍한 나, 상처받은 나, 내가 부모를 잘못 만났지', '내 인생, 참 불쌍하다. 내가 한국에서 잘못 태어났지' 이런 말을 계속해서 한다. 자기 연민은 자기애다. 자기애는 죄다. 죽은 몸을 끌어안고 있는 것이다. 그것은 사도 바울이 말한 "이 사망의 몸에서 누가 나를 건져내랴"(롬 7:24)와 같은 상태다. 묶여 있는 것이다. 이렇게 무서운 것이다. 사망의 몸에서 나오는 영향력을 다 받는 것이다. 내 안에 사망의 몸이 있는데 어떻게 동거할 수 있겠는가? 나를 썩게 만드는 사망의 몸을 단호하게 끊어내야 한다.

청년들이 요즘 왜 약해질까? 그런데 진짜 청년들은 '진짜'를 듣고 싶어 한다. 괜히 어설프게 사랑의 하나님만 강조하면서 "하나님이 너를 사랑하셔. 너를 최고라고 하시지"라고 전하는 것이 다가 아니다. 그것을 넘어서는 진짜가 필요하다. 한번은 자녀 양육에 관한 책을 선물받은 적이 있는데, 다윗에 대한 이야기였다. 그 책에서 "내 아이는 골리앗을 죽일 수 있는 자이언트 킬러(Giant-Killers)다"라는 내용을 보았는데 얼마나 강력한가!

자기 연민의 문제는 모든 가치를 쓰레기로 만들어버린다는 데 있다. 자기 연민이 빠진 사람에게는 아무리 중요한 것을 부어도 그대로 쓰레기가 된다. 자기 연민에 빠지면 아이들 투정하듯이 섭섭해지기 시작하고 외롭고 힘들어진다. 아무도 나를 돌아보지 않는 것 같다. 자기 자신을 중요하고 가치 있게 여기지 않는다.

성경이 말하는 대로 자신을 바라보지 않으니까 어떤 중요한 것이 들어가도 소용이 없게 된다. 돼지에게 진주를 줄 수는 없다. 자기 연민은 이 땅의 성도들의 삶을 잠식하고 있는 사탄이 만든 가장 강력한 흡입기이자 어마어마한 블랙홀이다.

자기 연민에 한번 들어가면 목사도 좀처럼 헤어나지 못한다. 교회가 어렵고 부흥이 안 되면 내가 이러려고 목회했나 싶고 자신을 자꾸 불쌍히 여긴다. 그러나 주님은 우리를 불쌍히 여기시는 긍휼의 차원이 아니라 하늘의 존재로 회복하셨다. 우리는 내 생각이 아니라 주님의 생각으로 들어가야 한다. "나는 모세처럼 끝까지 하나님 앞에 쓰임받을 존재다. 하나님의 사역에 은퇴란 없다. 나는 마지막까지 쓰임받을 것이다." 믿어지는가? 나는 믿는다.

자기 연민의 상태가 깊어지면 침체로 들어간다. 침체는 수렁과 같아서 나올 수가 없다. 그때는 뭔가 특단의 조치가 필요하다. 자기 연민은 침체로 가는 문이다. 사탄은 성도가 자기 연민을 통해 침체로 들어가기를 원한다. 우리가 예수의 이름으로 그 문을 부수고 닫아버려야 한다.

십자가 위에서의 믿음

1. 능력의 십자가

이제 십자가로 들어가자. 그것은 자기 부인의 삶이다. 십자가
는 우리를 묶는 사탄의 권세와 결박을 풀어내는 권세다. 십자가
를 선포하자.

우리를 거스르고 불리하게 하는 법조문으로 쓴 증서를 지우시고 제
하여 버리사 십자가에 못 박으시고 통치자들과 권세들을 무력화하
여 드러내어 구경거리로 삼으시고 십자가로 그들을 이기셨느니라

골 2:14-15

이 말씀에 나타난 십자가의 권세가 참으로 놀랍다. 우리를 불
리하게 하는 조문이 들어간 빚 문서가 사라졌다는 것이다. 그것
이 십자가 위에서 해결되었다. 사탄은 그 빚 문서를 가지고 우리
를 계속 옥죄었다. 그러나 예수님이 그 사탄의 권세를 짓밟아 십
자가로 승리하셨다. 그러니까 우리는 그 복음 위에 서고, 십자가
의 능력 위에 서야 한다. 십자가를 알아야 한다. 십자가에 못 박
음으로써 그 죄가 완전히 제거되었음을 믿기 바란다. 0.1퍼센트
의 흔적도 남지 않았다. 당신이 십자가 위에서 예수와 함께 죽었

다는 것은 당신에게 죄의 빚 문서가 없다는 뜻이다. 다른 사람이 되었고, 능력의 사람이 되었다. 이것이 십자가다. 내 생각과 감정을 지배했던 원수의 통치와 권력들을 완전히 무장 해제시키셨다.

우리 집은 목사 집안이다. 아버지도 목사, 장모님도 목사, 동생도 목사, 제수씨도 목사다. 나는 목사 아들로 자라서 어릴 때부터 십자가와 복음에 대해 많이 들어왔다. 그런데 해결되지 않는 딜레마가 있었다. 죄를 지을 때마다, 어려울 때마다 다시 원점으로 돌아갔다. 그러다가 성령의 능력이 임하니까 달라졌다. 성령이 내 안에 있는 예수를 조명하고, 내 안에 있는 십자가의 능력을 조명하자 능력으로 나타났다. 여전히 문제가 있지만 달라진 내가 자기를 부인하게 되었다. 이 감정은 내가 아니다. 나는 이미 십자가에 못 박혀 죽었다. "나 조지훈을 망가뜨리고 부정적인 생각과 침체 가운데 빠지게 하던 옛 자아는 이미 십자가 위에서 죽었다!" 이렇게 선포해야 하는 것이다.

그 죽음을 선포할 때 사탄의 권세가 무장 해제되는 것이다. 나를 막고 있던 두 번째 하늘이 열리는 것이다. 공중 권세 잡은 자의 하늘이 깨지고 두 번째 하늘이 열려 그 사람에게 능력이 나타난다는 것을 믿기 바란다. 하나님의 능력이 나타나야 한다. 십자가를 통과해야 한다. 어떤 문제로 고통당하고 있는가? 능력의 십자가로 나아가기를 바란다. 그곳에서 확실한 해결이 일어난다.

2. 십자가, 위대한 복음의 승리

오늘 우리의 삶에서 십자가 승리는 무엇을 말하는가? 아주 간단하다. 첫째, 먼저 죄인 된 우리의 처지와 영적 상태를 인정하는 것이다. 우리가 구원받았지만 우리 안에 주님의 나라가 완성될 때까지 우리는 여전히 그 죄의 영향력(옛사람의 영향력) 아래 있다. 그러나 알아야 할 것은 그것은 허구이며 허상이라는 것이다. 사탄이 공중의 권세를 잡고 있기 때문에 그 허상을, 우리의 연약함을 생각의 영역에서 계속 만들어 내는 것이다.

우리는 다 하나님의 뜻대로 살고 싶다. 이 땅에 사는 동안 하나님 뜻대로 자녀를 기르고, 하나님 뜻대로 목회하고 싶은데 결국 선악과를 먹어버리고 마는 연약함이 있다. 그것이 우리의 영적 상태다. 그런데 성경은 그런 우리의 상태를 존중하고 인정해 준다. 그런 우리의 상태를 인정하지 않았다면 예수님이 이 땅에 오실 필요가 없으셨다. 복음의 본질을 알아야 한다. 예수님이 우리에게 오신 이유는 우리가 병자이고 죄인이기 때문이다. 그분이 의사로 구원자가 되어 오신 것이다. 우리는 완벽주의의 틀에서 나와야 한다. 주님이 우리의 연약함을 인정하고 계신다. 이것을 모르면 복음의 본질 위에 서지 않은 내 결단, 내 의지로 계속 우리의 문제를 해결하려고 할 것이다. 그것은 결국 우리를 지치고 힘들게 만들 뿐이다.

둘째, 복음은 우리가 하지 못한 일을 예수님이 대신하셨다는 사실을 아는 것이다. 무슨 뜻인가? 우리는 선악과를 먹을 수밖에 없는 존재다. 이것을 먼저 인정해야 복음의 본질을 알게 된다. 내 힘으로 할 수 없다는 것을 인정해야 한다는 것이다. 내 힘으로 할 수 없는 그것을 예수님이 하셨다는 것이 복음이다. 예수님은 선악과를 먹지 않으시고, 내가 하지 않아야 할 일들도 하지 않으시는 분이다. 나는 할 수밖에 없지만 그분은 안 하신다는 것, 이것이 복음이다. 우리가 그 안으로 들어가야 한다. 내 힘이 아니라 그분 안으로 들어갈 때 그분이 싸워 이기신다. 이것이 복음이다!

그렇기 때문에 자신의 영적 상태를 인정하는 것이 무엇보다 중요하다. 내가 나 자신의 영적 상태를 인정했기 때문에 내 힘으로 싸우면 율법이 된다. 이제 내 힘과 의지로는 해결이 안 된다는 것까지 알았다. 내 안에 연약함이 있다는 것을 인정하라는 것이다. 그렇지만 내 안에는 하나님 뜻대로 살고 싶고, 그 뜻을 따르고 싶은 마음이 있다. 복음은 그 영적 상태를 인정하는 것이다.

셋째, 나는 할 수 없지만 십자가에서 승리하신 주님은 하실 수 있다는 것이 복음이다. 나는 죄의 길로 갈 수밖에 없지만 주님은 안 가신다는 것이다. 그분 안으로 들어가면 승리가 있다. 이것이 십자가이고 복음이다. 이해되는가? 놀라운 말씀이다. 그저 "믿습니다"가 아니라 나는 할 수 없지만 십자가 위에서 나의 모든 문제를 해결하신 그분은 하실 수 있음을 믿는 것이다. 그러니 그분을 찬양하고 그분께 고백해야 한다. 그분께 나아가 기도하고 십자가의 능력으로 모든 죄의 권세들을 끊어내야 하는 것이다.

이것을 묵상할 때 나에게 너무 큰 자유함이 있었다. 우리 안의 갈등을 주님이 아신다. 나는 여전히 선악과를 먹을 수밖에 없는 존재이지만 주님은 말씀하신다. "걱정하지 마라. 나는 안 그래. 네가 내 안에 있잖아." 그럴 때 믿음이 생기는 것이다. 풍랑에 있을지라도 "걱정하지 마. 내가 너와 함께하고 있어"라고 하시면 풍랑이 멈추는 것이다. 이것이 복음이다. 이것이 십자가다. 그러므로 오늘 내 안에 그 십자가를 자랑해야 한다. 우리 주님이 하신다! 그렇게 나갈 수 있기를 바란다.

3. 예수께 완전히 붙잡힌 나

내가 이미 얻었다 함도 아니요 온전히 이루었다 함도 아니라 오직 내가 그리스도 예수께 잡힌 바 된 그것을 잡으려고 달려가노라 빌 3:12

십자가의 승리를 선포한 나의 상태를 알아야 한다. 나는 그리스도 예수께 완전히 붙잡힌 바 된 존재다. "붙잡다"의 원어의 뜻은 목덜미를 잡은 상태를 말한다. 주님이 우리의 목덜미를 잡고 계신다. 오직 내가 그리스도 예수께 잡힌 바 된 것이다. 우리가 승리하도록 목덜미를 잡고 계신 주님, 우리가 선악과를 먹지 않도록 우리의 목덜미를 잡고 계신 주님, 죄악의 권세를 이길 수 있도록 우리를 붙잡고 계신 주님, 그 주님이 우리 삶에 역사하고 계신다. 그 주님이 여러분의 가정과 문제를 붙잡고 계신다.

"지훈아, 걱정하지 마라. 나를 믿어라. 내가 너의 목덜미를 붙잡고 있다. 완전히 붙잡고 있다. 빈틈없이 붙잡고 있다. 걱정하지 마라. 내가 너의 모든 것을 붙잡고 있다."

우리 모두 그 능력으로 일어나기를 바란다. 십자가 위에서 회복된 내가 바로 주님이 붙드신 나다. 나는 십자가 위에서 온전히 회복되었다. 그래서 내 삶에 어떤 한계도 장벽도 없다. 내 안에 계신 예수의 이름이 모든 것을 가능케 한다. 이제부터 나는 십자가 능력의 삶을 사는 것이다.

PART 2

제자, 영의 사람
Spiritual

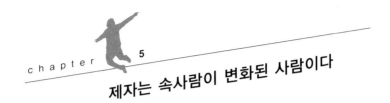

chapter 5

제자는 속사람이 변화된 사람이다

●마태복음 5:38-42

성경에서 말하는 제자의 본질에 대해서 계속 살피고 있다. 제자는 하나님의 뜻을 따라가는 사람이다. 하나님의 뜻은 영적인 것이다. 어떻게 하면 하나님의 뜻을 따라갈 수 있을까? 당연히 거듭나야 한다. 거듭난다는 것은 우리가 육(肉)의 존재가 아니라 완전히 다른 영(靈)의 존재가 된다는 것이다. 육의 사고방식과 영의 사고방식이 있고, 땅의 사고방식과 하늘의 사고방식이 있다. 제자가 된다는 것은 생각과 마음이 달라지는 것을 의미한다. "내가 어떤 사고방식을 가지고 살아가는가?" 그것이 오늘 나의 실존을 말해준다.

겉사람 vs 속사람

겉모습으로 그 사람을 알 수 있을까? 그 사람이 어떤 지위와 자리에 있는지는 알 수 있지만, 그 사람이 진짜 누구인지는 알 수 없다. 그 사람의 됨됨이를 알 수 없다는 말이다. 우리가 누구인가? 나는 누구인가? 목사, 선생, 직장인이라는 타이틀이 나인가? 아니다. 결국 나를 말하는 것은 겉모습이 아니라 속사람이다. 속사람이 어떤 상태인지가 정말 중요하다.

이 세상의 사고방식은 겉모습에 맞춰져 있어서 겉이 어떻게 보일까에 집중한다. 그러나 성경은 속에 맞춰져 있다. 예수님은 속을 보시는 분이다. 겉으로 믿음이 좋을 것 같은 바리새인들을 보며 예수님은 "회칠한 무덤"(마 23:27)과 같다고 말씀하셨다. 예수님은 겉을 보신 것이 아니다. 항상 중심을 보시고 우리의 속을 보시는 분이다. 신앙은 겉사람에 대한 이야기가 아니라 속사람에 대한 이야기다. 제자는 속사람이 변화된 사람을 말한다.

속사람의 변화는 영적인 변화로, 영은 추상적인 것이 아니라 인격체를 말한다. 하나님은 영이시다. 하나님은 어떤 이상한 존재가 아니라 우리와 교제할 수 있는 인격체이시다. 영이신 하나님이 인격체이시기 때문에 우리가 하나님을 만날 수 있는 것이다. 영의 개념을 추상적으로 생각하는 것이 아니라 구체적으로 형상화한 것이 속사람이다. 육을 입고 있는 겉사람이 아니라 우리 안에 속사람이 있다는 것이다.

우리가 제자의 삶을 산다는 것, 래디컬의 의미는 우리가 어떤 사고방식으로 살아가느냐 하는 것으로 정의할 수 있다. 이것이 굉장히 중요하다. 그래서 예수님이 이렇게 기도하라고 하셨다.

뜻이 하늘에서 이루어진 것같이 땅에서도 이루어지이다
마 6:10

우리는 하늘의 사고방식으로 살아가는 자들이지 세상의 사고방식으로 사는 자들이 아니다. 이 세상은 계속해서 하늘의 뜻을 대적하는 사고방식을 만들고 있다. 가짜 행복, 본질이 아닌 행복으로 우리의 삶을 미혹한다. 그래서 이 시대는 미혹의 영이 가득하다. 그러나 그것이 본질인 줄 알고 따라가면 그 끝은 멸망이다. 하늘의 사고방식은 이 땅의 사고방식과 비교가 안 된다. 부유하고 풍성하고 강력하다. 우리가 주님의 풍성함을 알아야 한다. 그 맛을 보면 우리는 이 세상을 좇지 않게 된다.

이 세상을 금욕으로 좇지 않는다면 그것은 세상의 종교와 똑같다. 금욕주의는 기독교가 아니다. 기독교는 가장 영광스러운 것을 맛보는 종교다. 그렇기 때문에 그것을 맛보면 세상으로 가지 않는다. 밭에 감춰진 보화를 발견했기 때문에 세상으로 가지 않는 것이다. 나는 하나님을 믿지 않겠다고 작정하는 것이 더 어렵다. 진짜다. 하나님을 믿는 것보다 오히려 믿지 않기로 작정하는

것이 진짜 어렵다. 하나님을 진정으로 믿는다는 것이 무엇인지
깨달아야 한다.

영이신 하나님은 누구신가?

영은 이 세상의 차원에서 묶을 수 없고 가둘 수 없다. 막힘이
없다. 영은 거침이 없다. 우리가 영의 속성을 이해하는 데 가장
중요한 것은 영에 대한 바른 정의다. 영은 추상적인 것이 아니다.
바로 하나님이 영이시다. 결국 영에 대한 이야기는 "하나님이 누
구신가?"에 대한 것이다. 하나님을 어떻게 정의할 수 있을까? 성
경은 창세기부터 그 의미를 분명히 밝힌다. 창세기에 왜 '태초에'
라는 말이 처음 나오겠는가?

태초에 하나님이 천지를 창조하시니라 창 1:1

하나님이 창조주라는 것이다. 하나님은 창세기를 통해 창조주
로 자신을 계시하셨다. 하나님이라는 존재가 막연했지만, 우리는
성경을 통해서 하나님이 누구신지 분명히 알게 되었다. 하나님이
누구신가? 하나님은 창조주이시다. 그렇다면 '창조주'는 무엇인
가? 창조주는 모든 피조세계를 만든 존재이자 이 세계의 주인이
다. 근원이자 본질이다. 또한 하나님은 사람을 피조세계의 중심

으로 만드셨다. 하나님의 권위를 사람에게 위임하셔서 피조세계를 다스릴 수 있는 놀라운 존재가 되게 하셨다. 그래서 사람이 위대한 것이다.

하나님 외에 사람만큼 위대한 존재가 있는가? 사람이 얼마나 지혜롭고 똑똑한지 인류가 이룩한 문명을 보라. 원숭이가 그와 같은 일을 할 수 있는가? 영국 버진 그룹의 회장 리처드 브랜슨(Richard Branson)은 목숨을 건 모험을 즐기는 것으로 유명하다. 그가 민간 우주선을 쏘아 올려 우주여행 시대를 열었다. 인간이 이렇게 위대한 존재다. 그런데 하나님은 그 위에 계시는 분이다. 인간의 차원 위에 계신 창조주이시다.

바울은 영에 대해서 이렇게 정의했다. 하나님은 어떤 분인가?

기록된 바 하나님이 자기를 사랑하는 자들을 위하여 예비하신 모든 것은 눈으로 보지 못하고 귀로 듣지 못하고 사람의 마음으로 생각하지도 못하였다 함과 같으니라 오직 하나님이 성령으로 이것을 우리에게 보이셨으니 성령은 모든 것 곧 하나님의 깊은 것까지도 통달하시느니라 고전 2:9-10

사람의 눈으로 보지 못하고 귀로 듣지 못하는 것들이 있다. 그러나 분명히 존재하는 것들이다. 내가 보고 듣는 것이 전부가 아니다. 그 이상의 것들이 있다는 것이다. 다른 차원의 것들이다. 이 땅의 차원으로는 볼 수 없는 차원이 있는데 이것에 눈을 뜨는 것이 신앙이다. 성령이 아니고서는 우리가 이 눈을 뜰 수 없다. 그래서 신앙이 종교화되면 지식화되는 것이다. 인간의 지식으로 어디까지 볼 수 있을까? 기껏 본다는 것이 지금 우리의 수준이다. 이 세상에 얼마나 많은 난제들이 있는가? 인간이 위대한 존재로 이 땅을 다스린다고 해도 아직 풀지 못한 문제들이 많고, 앞으로 풀어야 할 난제들도 많다. 이것을 인정해야 겸손한 것이다. 그래서 영적인 사람은 겸손하다. 아는 척하지 않고 교만하지 않다. 자기를 낮출 줄 알고 자랑하지 않는다.

> 육에 속한 사람은 하나님의 성령의 일들을 받지 아니하나니 이는 그것들이 그에게는 어리석게 보임이요, 또 그는 그것들을 알 수도 없나니 그러한 일은 영적으로 분별되기 때문이라 고전 2:14

영적으로만 분별되는 일들이 있다. 그 말은 내 지식, 내 생각, 내가 가진 경험으로 분별되지 않는 많은 것들이 있음을 인정해야 한다는 것이다. 누가 신령한 사람인가? 바울은 예전에 자기가 가진 지식의 한계만큼 보았지만 이제는 그 이상의 것을 보게 되었다.

신령한 자는 모든 것을 판단하나 자기는 아무에게도 판단을 받지 아
니하느니라 고전 2:15

신령한 자가 모든 것을 판단한다는 것은 다른 차원(영의 차원)
을 알게 되었다는 것이다. 내 앞에 있는 문제는 해결하지 못할 것
이 아니다. 성령이 부어지면 보지 못하던 눈을 떠서 문제의 본질
이 뭔지 알게 된다. 알게 될 뿐만 아니라 해결하게 되는 것이다.
다시 말해 영의 일은 다른 차원의 일이다. 하나님은 영이시고, 그
분은 다른 차원의 분이시라는 것이다.

속사람의 자유함

영에 속한 사람은 자유하다.

진리를 알지니 진리가 너희를 자유롭게 하리라 요 8:32

진리가 하나님이시고, 말씀이 하나님이시다. 진리를 알게 된
사람은 자유함이 나타난다. 묶이지 않는다. 그 사람을 묶을 수도
가둘 수도 없다. 막힘이 없다. 그런데 그 영의 자유함이 우리 속
사람 안에서 일어난다. 사도행전에서 본 예수님의 제자들을 보
라. 그들을 깊은 감옥에 가두고 그들의 발에 차꼬를 단단히 채웠

다. 그들이 비록 육으로는 묶이고 갇혔지만 세상이 그들의 마음을 묶을 수 없었다. 결국 이 본질은 마음에 대한 것이다.

영의 본질은 생명과 평안이다. 평안은 완전한 상태를 말한다. 걱정과 근심과 갈등이 없는 상태다. 완전한 하나님나라의 상태, 그 천국에는 평안만 있다. 죽은 사람을 보면 평안해 보인다. 왜 그런가? 더 이상 걱정이 없기 때문이다.

내가 고등학생일 때 아버지는 나를 데리고 이곳저곳을 다니셨다. 나를 위한 일종의 멘토링이었는데, 뭔가 복잡한 일이 있을 때면 어디를 같이 가자고 하셨다. 차를 타고 한 시간 정도 가서 어느 산기슭에 이르러 차를 세우고 복음성가를 들었다. 마라나타 싱어즈의 은혜로운 찬양이었다. 그런데 그 장소가 어디인지 아는가? 놀랍게도 공동묘지였다. 의자를 뒤로 젖히고 차 안에서 30분 정도 찬양을 들었다. 그러다가 아버지가 이런 이야기를 하셨다.

"지훈아, 여기 봐. 제일 조용해. 여긴 아무 말도 없다."

얼마나 평안한가? 자기를 주장하거나 내세우는 사람이 없고, 자랑하는 사람도 없다. 아주 조용하다. 이것이 평안이다. 어떤 목사님이 교회를 "죽음 직전에 천국으로 가는 정류장"이라고 정의했다. 이 문을 열고 나가면 이제 천국이고 평안이다. 소유한 것이 많아도 마음이 부대끼는 사람들이 얼마나 많은지 모른다. 왜 그런가? 부대낀다는 것은 영의 사고방식으로 움직이고 있지 않다는 뜻이다. 뭔가 부딪치는 내 속사람의 자아가 있다는 것이다.

그러나 영은 부딪치지 않는다. 그래서 성령을 물과 바람으로 표현했다. 생명력 있는 물이 흘러가다가 컵을 만나면 어떻게 될까? 물이 컵을 깨트리고 흘러갈까? 물이 흐르다가 멈출까? 비키라고 할까? 물은 유연하게 돌아간다. 계속 자기 길을 간다. 어떤 걸림돌이 있더라도 개의치 않고 흐른다. 정체되지 않는다. 그러나 죽었다는 것은 정체되는 것이다. 이것이 자연의 원리다. 일반계시이자 일반은총이다. 자연계만 보더라도 우리는 하나님의 존재를 무시할 수 없다. 정체되어 있다는 것은 죽은 것이다. 사고가 정체되어 있다면 그 역시 죽은 것이다. 이해되는가?

마지막에 죽음이 어떤 형태로 찾아오는가? 육신이 활동을 멈추고 정체된다면 죽는 것이다. 움직이지 못하고 침대 위에 그대로 있다면 죽은 것이다. 모든 인간은 죽음의 냄새를 맡으며 살아간다. 지금 아무리 젊더라도 우리는 태어나는 순간부터 죽음을 향해 가고 있고 그러다가 결국 어느 순간 정지된다.

그러나 성경은 우리가 구원받으면 죽음으로 끝나는 것이 아니라 영원히 흘러간다고 한다. 두려워하지 않기를 바란다. 여기서 끝이 아니다. 계속 흘러간다. 물이 병과 컵 두 곳에 담겨 있다. 물이 담겨 있는 병과 컵의 형태는 달라도 물의 본질은 같다. "나는 물이니까 나에게 맞춰 담아." 물은 그리지 않는다. 물이 컵의 모양에 맞춰 담긴다. 이렇듯 영에 속한 사람은 주장하지 않는다. 그대로 담길 뿐이다. 자기 생각을 주장하지 않는다. 모양이 달라도 그대로 담겨 있다. 이것이 자유함이다.

이 땅의 차원에 묶이지 않는 강건함

"가난하다고 거룩한가?", "가난함에 무슨 능력이 있는가?", "부자는 다 지옥에 갈까?" 이런 식으로 인간이 만든 사고방식이 있다. 그러나 이것은 본질이 아닌 프레임(frame)이다. 거기에 속아 본질을 놓쳐서는 안 된다. 우리는 본질을 보아야 한다. 물이 담긴 형태를 보는 것이 아니라 그 안에 담긴 물의 본질을 보는 것이다. 그런데 내 마음에 충돌이 있다면 그것은 자아가 부딪치는 것이다. 육이 부딪치는 것이다. 영은 부딪치지 않는다. 영은 사랑이고 하나님은 부딪침이 없으시기 때문이다.

잘 알아야 한다. 하나님은 대립적인 분이 아니시다. 우리는 자꾸 하나님을 선악의 구도 안에서 바라보는데, 하나님은 선악 구도 그 위에 계신 분이다. 때로 하나님은 악한 것을 들어 선한 것으로 사용하기도 하신다. 하나님이 바벨론의 왕 느부갓네살을 "내 종"(렘 27:6)이라고 하셨다. 느부갓네살이라는 악한 왕을 내 종이라고 하시는 하나님을 어떻게 이해할 수 있는가? 느부갓네살은 적에 가깝지만 성경은 그렇게 이야기하지 않는다. 사람들이 자꾸 하나님을 자기가 생각하는 프레임에 넣어서 이해하려고 한다. 대립적 구조에서 파악한다는 말이다.

그러나 하나님은 악과 싸우실 수 없다. 하나님은 그 위에 계신다. 우리가 악과 싸우는 것이지 하나님은 악과 싸우시는 분이 아니다. 어떻게 사탄이 하나님 앞에 상대가 되겠는가? 사탄이 까부는 것이다. 우리가 이 본질을 알아야 한다. 영은 다른 차원이다. 우리는 3차원의 세계에 있지만 영은 다른 차원이다. 제자는 영적인 사람이다. 거침이 없고 막힘이 없는 사람이다.

주위에 관계 때문에 힘들어하는 사람들이 많다. 저 사람만 없으면 내 인생이 편해질 줄 알고 그 사람을 제거해달라고 기도한다. 저 사람만 없으면 내 삶에 평강이 온다고 생각한다. 그런데 나이가 들면서 인생을 깨닫는다. 골리앗 하나 없앴더니 또 다른 골리앗이 나타난다. 여우를 없애달라고 기도했는데 늑대가 나타난다. 이것이 인생이다.

결국 신앙은 외부의 문제가 아니라 내가 변하는 것이다. 내 속사람이 변하면 되는 것이다. 속사람을 강건케 하는 사람이 자유해진다. 영적인 차원은 이 땅의 차원에 묶이지 않는다. 영에 속한 사람은 이 땅의 어떤 문제에도 묶이지 않는다. 갈등이 없다. 그러니까 평강이 있다. 갈등은 죄 된 자아다. 그 자아의 정체는 욕망이다. 그 욕심을 내려놓으면 편하다. 내 자녀를 향한 욕망의 기준을 내려놓으면 평안해지기 시작한다.

하나님의 기준에 맞출 수 없는 인간

인간은 자꾸 기준을 만든다. 내 아내도 나를 향한 기준이 있을 것이다. 그런데 나는 그 기준에 절대 못 미친다. 그 기준이 항상 높기 때문이다. 그 기준을 맞추려고 하면 갈등하게 된다. 나는 맞추지 못한다고 선포한다. 나도 아내에게 어떤 기준이 있어서 "이건 이렇게 해야 한다!" 하고 끊임없이 맞추라고 이야기할 수 있다. TV에 나오는 갈등하는 부부들을 보니까 서로 각자의 기준을 맞추라고 싸운다. 몇십 년을 살아도 그렇다. 그렇지만 바뀌지 않는다. 오직 성령만이 바뀌게 하실 수 있다.

직장에서 상사라면 아랫사람에 대한 기준이 있을 것이다. 그런데 그 기준을 가지고 있는 한 마음은 계속 부대낄 것이다. 내 마음대로 사람을 바꿀 수 있는가? 내가 훈련시켜서 사람을 키우겠다는 것은 교만이다. 예수님도 잘 안 되셨다. 예수님이 훈련으로 제자를 키우셨나? 아니다. 예수님은 그 마음 안에 제자들을 담아내시고 그들이 저절로 변화하게 하셨다. 이것을 알아야 한다. 나도 내 기준에 맞추지 못하고, 훈련하지 못하는데 내가 누구를 훈련시킬 수 있다는 말인가? 영이신 하나님께서 우리 안에 담기신 것이다. 내가 그 사람에게 담겨야 하는 것이다.

우리는 어떻게 하나님에게 맞출 수 있는가? 우리가 하나님 앞에 맞추는 기준은 바로 율법이다. 그런데 율법을 통해 우리는 갈등한다. 우리가 율법에 도달하지 못하니까 율법이 우리 안에 자꾸 걸림이 되는 것이다. 내 노력과 내 힘으로는 안 된다. 우리는 스스로 율법을 지킬 수 있는 위치에 결코 가지 못한다.

그러면 어떻게 해야 하는가? 하나님이 율법을 주셨는데 인간이 계속 갈등하고 맞추지 못하자 예수님이 우리에게 맞추러 오셨다. 영이신 그분이 육신이 되어 오셨다. 영이신 그분이 우리를 위해 낮은 자가 되셨다. 사랑이다. 사랑은 추상적인 것이 아니다. 성경에서 말하는 사랑은 본능적인 것이 아니라 그 이상의 것이다. 하나님은 영이시고 영의 속성은 사랑이다. 사랑은 구체적으로 내려놓고 담아내는 것이다. 거침돌이 없는 것이다. 그런데 우리는 자꾸 내 주장과 이념과 사상으로 거침돌을 만든다.

교회가 왜 싸우는가? 죄 된 자아 때문이다. 자아가 자기 것을 주장하기 때문에 교회 안에서 다툼이 일어나는 것이다. 하나님의 영에 통제되지 않는 자아는 종의 영역에서 자기 신념, 이념, 사상들을 만들어 자기 뜻을 관철시킨다. 영의 본질을 제대로 알면 교회가 싸우지 않을 것이다. 더 중요한 가치인 복음의 본질을 알면 싸우지 않을 것이다. 복음은 이념 위에 있다. 이념과 사상은 무너지게 되어 있다. 복음은 한 차원 위에 있다. 세상 정부는 언젠가 무너지지만 하나님의 나라는 그 위에 있다. 풀은 마르고 꽃은 시들어도 우리 하나님의 말씀은 영원하다.

영적인 사람은 내면이 건강하고 부딪침이 없다. 만약에 나를 목사의 높은 기준으로 바라보고 평가한다면 다들 시험에 들 것이다. 내 안에 얼마나 음란하고 죄악 된 것들이 많은지 모른다. 이것이 나의 실체다. 나 역시 내 기준으로 교인들을 바라보면 표적 설교를 하게 될 것이다. '저 형제는 왜 또 안 나와', '저러니까 문제가 생기지', '하나님을 안 보고 자꾸 세상으로 가니까 묶이지….' 목사에게 이런 마음이 있으면 계속 문제만 바라보게 된다. 그러나 목사는 제사장과 같다. 제사장의 역할은 백성을 축복하는 것이다. 목사는 이념과 사상을 말하는 자가 아니라 하나님의 복을 선포하는 자다. 권위를 가지고 축복하는 것이다. 그것이 목자의 마음이다.

내 기준을 내려놓는 자아의 죽음

히틀러는 인간을 우성과 열성으로 나누었고 우성만 존중했다. 혈통주의, 순혈주의를 강조했다. 열성의 존재들, 특히 장애인들을 얼마나 많이 학살했는지 모른다. 히틀러는 적그리스도적인 인물이다. 히틀러에게는 위대한 독일을 만드는 자기 기준에 못 미치는 모든 것이 다 제거의 대상이 되고 마음에 걸림돌이 되고 만다. 그러나 하나님은 우리를 살리고 세우고 축복하시는 분이다.

영은 모양이 아니라 능력이다. 경건은 모양이 아니라 능력이다. 제자는 모양이 아니라 능력이다. 제자의 삶을 살기 위해서는 오늘 우리에게 능력이 나타나야 한다. 그러기 위해 영의 속성이 내 안에 있어야 한다. 걸림돌이 없어야 한다. 당신 안에 부딪침이 있는가? 그것을 해결하는 방법은 한 가지다. 당신의 기준을 내려놓는 것이다. 내 자아가 죽어야 한다. 십자가 위에서 죽어야 한다. 그런데 그것이 잘 안 된다.

나는 약간 완벽주의 성향이 있다. 물론 완벽주의도 좋은 점이 있지만 삶이 무척 피곤하다. 사역에 있어서도 완벽을 추구하는 편이라서 예배 전에 음향 준비가 제대로 안 되어 있으면 마음이 어려워지고 평강을 지키기가 어렵다. 내 안에 부딪침이 있고 내 기준에 미치지 못하는 사역자들을 흘겨보게 된다. 그때 알았다. 부딪힘에 대해서, 영의 속성에 대해서 설교하려고 하는 나를 사탄이 설교 직전까지 괴롭힌다는 것을. 나는 찬양을 부르는 20분 동안 방언기도를 했다. 이 문제는 영으로 해결해야 한다. 참는다고 해결되지 안 된다. 영으로 내 마음을 순환시키고 하나님만 생각했더니 평정을 되찾게 되었고 주님의 사랑이 내 안으로 들어왔다. 마음에 걸리는 것이 없어졌다.

예를 들어, 남편이 내 기준에 맞지 않는다고 해보자. 집에 일찍

들어오라고 그렇게 당부했는데 밤늦도록 들어오지 않는다. 속으로 남편이 들어오면 가만두지 않겠다고 다짐한다. 세 번이나 얘기했는데도 소용이 없으니 이번에는 그만 끝내기로 마음먹는다. 그런데 그럴수록 남편은 해맑은 표정으로 들어온다. 그럴 때 남편에게 각서를 쓰라고 하지 말라. 펜과 종이가 아깝다. 안 되는 것을 안다. 눈앞에서 각서를 쓰는 것은 다 자기 위안이고 자기 만족이다.

내가 내려놓아야 한다. 내 사고방식이 바뀌어야 한다. 하늘의 사고방식은 사랑이다. 영은 사랑이기 때문이다. "하나님이 세상을 이처럼 사랑하사…"(요 3:16). 하나님은 우리를 바라볼 때 그 안에 걸림돌이 없으셨다. 어떤 틀이 없기 때문이다. 기준을 내려놓으신 것이다. 하나님께서 맞추기로 결정하신 것이다. 사람을 위해 하나님이 죽으심으로 그 기준이 되셨다. 다리를 놓아주신 것이다. 그 어떤 요구도, 수고도 없이 말이다.

그런데 우리는 상대에게 자꾸 요구한다. 변하라고 한다. 나 같은 목사가 제일 많이 그렇다. 말씀을 많이 알아도 아는 것이 걸림돌이다. 말씀을 안다고 하는 거룩한 기준들이 걸림돌이 된다. 내가 설교를 많이 하고, 하나님의 말씀을 더 많이 읽고 묵상할수록 자유로워지는 것이 아니라 역설적으로 내가 묶인다. 그러니까 두렵다. 이 본질을 알고 나자 목사라는 타이틀로 버틸 수가 없다.

내가 신앙생활 해온 경험으로 버틸 수가 없다. 꼭 벌거벗은 것 같다. 하나님이 두렵다. 그래서 하나님의 긍휼을 더욱 구하게 된다.

"하나님, 저를 긍휼히 여겨주세요. 저를 불쌍히 여겨주세요."

그때 주님의 십자가의 사랑을 깨닫는다. 십자가가 무엇인가? 예수님이 우리에게 기준을 말씀하시고 그 프레임을 우리에게 적용하신 것이 아니다. 진짜 사랑은 예수님이 십자가에서 죽으셨고 그 죽으심으로 우리를 구원하셨다는 것이다. 기독교는 사랑의 종교다. 어떤 사랑을 원하는가? 내가 하나님을 안다고 하면서 내 옆에 있는 이웃 하나 마음에 담아내지 못하고, 나와 의견이 다른 사람 하나 품지 못한다면 내가 얼마나 연약한 존재인가? 얼마나 부족한 존재인가?

이것을 해결하는 방법은 내가 십자가 위에서 죽는 길밖에 없다. 내 자아가 죽어야 한다. 내 자아가 죽으면 영적인 것이 열리는 것이다. 하늘 문이 열린다. 내 자아가 죽어야 속사람이 살아난다. 그 죽음이야말로 생명이다. 반면에 내 자아가 죽지 않으면 어떻게 될까? 부딪침이 계속되면 결국 힘으로 이 모든 것을 뒤집어 버리겠다고 생각하게 된다. 이것이 영이 떠난 사람의 모습이다. 이것이 사울 왕의 모습이기도 하다.

가룟 유다의 기준 vs 예수님의 사랑

가룟 유다도 자기가 가진 기준이 있었다. 바로 유대인의 기준이다. 유대인은 하나님의 선택을 받은 유일한 민족이다. 그런 유대인이 하나님의 말씀이 없는 이방인에게 지배를 당하고 있으니 그 마음이 편할까? 자기 기준에 맞지 않는 것이다. 그러니까 열심당원(Zealot)인 유다는 세상을 뒤집어버리려고 한다. 유다는 자기 기준을 가지고 예수님을 따랐다. 유다에게 예수님은 자기 기준대로 자기를 도와주는 존재였고, 그의 기준에 예수님은 선동가였다. 예수님이 말하면 사람들이 벌떼같이 모여들었기 때문이다. 유다는 저 선동가를 통해서라면 이 세상을 뒤집을 수 있겠다고 보았다. 유다가 예수님을 통해 자신의 비전을 본 것이다.

그러나 예수님은 그럴 마음이 없으셨다. 힘을 모아 저항할 마음이 없으셨다. 예수님은 영적이니까 저항하지 않으신다. 오히려 세상 법정 앞에서 가만히 계신다. 자신의 무고를 변론할 수 있었지만 예수님은 침묵하셨다. 빌라도가 그 모습을 보고 심각한 고민에 빠졌던 것이다. 그는 죄가 없어 보이고 그렇다고 자기를 변론하지도 않는 사람을 죽이는 책임을 이리저리 회피했다. 그러니까 빌라도가 가증한 것이다.

만일 내가 어떤 사람 앞에서 내가 가진 지식과 경험을 자랑했는데, 그 사람이 가만히 들었다. 그런데 나중에 알고 보니 그 사람의 지식과 경험이 훨씬 더 대단할 때 우리는 놀라고 부끄러워진다. 무엇이 힘인가? 대항하는 것이 힘인가? 저항하는 것이 힘인가? 영은 저항하는 것이 아니라 담아내는 것이다. 사랑은 담아내는 것이다. 그래서 사랑은 오래 참고 온유하고 시기하지 않고 자랑하지 않고 교만하지 않고 자기의 유익을 구하지 않는다고 하는 것이다.

예수님이 무엇으로 이 땅을 변화시키셨는가? 가룟 유다는 결국 어떻게 되었는가? 유다는 예수님을 자신의 꿈을 실현시켜줄 사람으로 보았다가 그렇지 않자 더 이상 예수님이 쓸모가 없어졌다. 그 생각부터 바뀌어야 한다. 제자는 자신의 꿈이 아니라 예수님의 꿈을 실현시켜드리는 존재다. 그러나 유다는 자기 꿈을 실현시켜줄 존재가 아니라고 판단하자 예수님을 은전 30에 팔아버린다. 최고의 가치에 은 30을 달아주는 것이 인간이다. 결국 유다는 스스로 목숨을 끊었다. 그가 진짜 예수를 알았다면 어땠을까? 유다가 죽음을 택한 이유는 자신의 자아가 꺾이지 않았기 때문이다. 그러니까 예수님을 따라가면서도 끊임없이 부대꼈다. 내가 십자가에 죽어야 사는 것이다. 자기를 부인해야 예수님을 따를 수 있다.

래디컬은 사랑이다

그렇다면 사랑의 가치관을 가진 사람은 누구인가?

또 눈은 눈으로, 이는 이로 갚으라 하였다는 것을 너희가 들었으나 나는 너희에게 이르노니 악한 자를 대적하지 말라 누구든지 네 오른편 뺨을 치거든 왼편도 돌려 대며 또 너를 고발하여 속옷을 가지고자하는 자에게 겉옷까지도 가지게 하며 또 누구든지 너로 억지로 오 리를 가게 하거든 그 사람과 십 리를 동행하고 네게 구하는 자에게 주며 네게 꾸고자 하는 자에게 거절하지 말라 또 네 이웃을 사랑하고 네 원수를 미워하라 하였다는 것을 너희가 들었으나 나는 너희에게 이르노니 너희 원수를 사랑하며 너희를 박해하는 자를 위하여 기도하라 이같이 한즉 하늘에 계신 너희 아버지의 아들이 되리니 이는 하나님이 그 해를 악인과 선인에게 비추시며 비를 의로운 자와 불의한 자에게 내려주심이라 마 5:38-45

구약의 패러다임은 38절 말씀이다. "눈은 눈으로, 이는 이로" 율법은 대립한다. 그러나 그 율법의 완성은 사랑이다. 대립이 아니라 수용하고 받아들이는 것이다. 용납하는 것이다. 오 리를 가자고 하면 십 리를 가주는 것이 사랑이다. 내가 뺨을 맞았다면 되돌려주고 싶은 것이 당연한데, 오히려 다른 뺨을 대라고 하니까 힘들다. 그런데 이것이 사랑이라고 한다. 한 발짝 더 나아가는 것이다. 어떻게 뺨을 맞았는데 다른 쪽을 돌려댈 수 있겠는가? 육(肉)은 저항하기 때문에 그렇게 하지 못한다. 그러나 영(靈)은 할 수 있다. 영은 사랑이기 때문이다. 내 자아가 십자가에 죽으면 가능하다.

주님도 사랑으로 그렇게 하셨다. "네가 나를 쳐서 네 분이 풀리면 쳐라" 이것이 사랑이다. 받아주는 것이다. 오늘 이 세상은 교회를 치고 싶어 한다. 그러나 우리는 사랑으로 이겨야 한다. "교회가 얼마나 잘못하면 그토록 치고 싶은가? 이 뺨도 쳐라. 속옷을 가지려고? 겉옷까지 주마. 우리가 오 리만 갔구나. 십 리까지 가줄게. 우리 교회만 살찌우려고 했구나. 이제 세상을 향해 나갈게." 이것이 예수님의 사랑이다.

이 사랑이 우리에게 임할 때 하늘의 능력이 실제가 된다. 기적은 일어나게 되어 있다. 저항이 아니다. 예수님의 방법은 어린 양처럼 침묵하신 것이다. 예수님을 대항했던 로마제국은 멸망했다. 그러나 대항하지 않고 사랑으로 받아내신 예수님의 하나님나라 복음은 오늘날 수십억 가운데 전파되었다. 무엇이 능력인가? 무엇이 래디컬인가? 내 힘으로 저항하는 것은 래디컬한 것이 아니다. 래디컬은 사랑이다. 담아내야 한다. 이를 위해서 눈물을 흘려야 한다.

"하나님, 내가 이 사람을 담아내고 싶은데 못 담아냅니다. 하나님, 그 사람을 사랑하고 싶은데 어렵습니다. 저 사람을 용서하고 싶은데 용서가 안 돼요."

이 문제 때문에 울어야 한다.

이같이 한즉 하늘에 계신 너희 아버지의 아들이 되리니 마 5:45

이렇게 할 때 우리가 '하나님의 아들'이 될 수 있다. 우리는 사람의 아들이 아니라 하나님의 아들이다. 육의 아들이 아니라 영의 아들이 될 수 있다. 아들의 영이 우리 가운데 임하여 그 사랑으로 이길 수 있기를 바란다. 그 사랑으로 녹여내지 못할 것이 없고, 그 사랑으로 이겨내지 못할 두려움이 없다. 우리가 이 사랑 앞에 서면 능치 못할 것이 없다. 이 사랑으로 무장된 제자가 되는 것이 래디컬이다. 성령의 능력으로 이길 수 있는 우리가 되기를 바란다.

chapter 6

제자는 권능이 임하는 기도를 한다

● 마가복음 9:28-29

특별 새벽기도를 할 때마다 하나님께서 참 많은 일들을 이루시는 것을 경험한다. 하나님께서 기적적으로 사람들을 치유하시고 막힌 문제들을 풀어주신다. 나는 목사로서 이런 생각을 했다. '주님이 우리에게 기도하라고 하셨는데, 이 기도에 능력이 있구나. 하나님께서 우리가 기도하는 것을 좋아하시는구나.' 하나님께서 우리에게 기도할 마음을 주셨다면 그것은 하나님이 일하고 싶어 하신다는 뜻이다. 나는 그것을 깨달았다.

한국 교회 중에서도 하나님의 역사가 많이 일어나는 교회가 있다. 기적이 일어나고 치유가 일어나고 귀신들이 떠나간다. 그래서 다른 교회 성도들이 그 교회를 찾아가 이런 질문을 했다.

"목사님, 저희 교회에는 왜 그런 일들이 안 일어나고, 이 교회에서는 많이 일어납니까?"

그러자 목사님이 이렇게 답했다고 한다.

"그 교회는 이런 기도를 안 하기 때문이죠."

여기에 깊은 의미가 있다. 그 교회는 기적이 일어나고 치유가 일어나고 귀신이 떠나가기를 기도하지 않으니까 그와 같은 역사가 이루어지지 않지만, 우리 교회는 기적이 일어나고 치유가 일어나고 귀신이 떠나가도록 기도하기 때문에 그 일들이 이루어진다는 것이다. 우리가 기도할 때 하나님이 일하신다. 기도는 하나님이 이 땅에서 일하시도록 그 공간을 내어드리는 것이다.

예수님이 제자들을 부르신 이유

예수님은 제자와 군중을 대할 때 확연히 다르셨다. 군중이 필요를 가지고 나와 주님의 능력을 구하면 예수님은 언제나 그들의 필요에 민감하게 반응하셨다. 예수님이 군중을 대하는 태도는 늘 '내가 저들을 어떻게 도와줄까?' 하는 것이었다. 그러나 예수님이 제자들을 대하는 태도는 군중을 대할 때와 달랐다. 제자들은 자기 문제에 묶여 있는 자들이 아니라고 생각하셨다. 군중은 예수님이 계신 곳을 찾아왔지만, 제자들은 예수님이 친히 찾아가서 부르셨다. 군중은 언제나 예수님의 도움을 구했지만, 제자는 도움을 주는 자들로 부르셨다. 군중의 키워드는 '돌봄'이었지만, 제자의 키워드는 '훈련'이었다. 특별히 믿음에 대한 훈련이었는데,

이 믿음은 보이지 않는 것을 바라고 믿는 것이다.

예수님이 제자들을 부르신 이유는 분명하다. 예수님처럼 땅이 아닌 위로부터 오는 능력을 입게 하기 위함이다. 예수님은 제자들에게 이 땅에서 이해할 수 없는 많은 일들을 보이셨다. 그들과 같이 다니면서 병든 자를 고치시고, 가난한 자들을 먹이시고, 그들의 필요를 채우시는 예수님의 사역을 보게 하셨다. 예수님의 갈망은 무엇일까? 예수님이 십자가에 달려 죽으시고 부활하셔서 우리도 예수님과 같은 일을 행할 수 있는 자라는 사실을 제자들에게 알려주시려는 것이다. 그래서 제자들을 택하셨다.

제자들이 어떤 일을 하는가? 복음서의 제자들과 사도행전의 제자들은 완전히 다르다. 사도행전의 제자들은 예수님보다 더 큰 능력들을 행하기 시작한다. 예수님은 산상수훈과 팔복의 메시지를 통해 삶의 본질을 가르치셨고, 변화산 사건을 통해 예수님의 완벽하고 권위 있고 아름다운 본 모습을 보이셨다. 그리고 물 위를 걸으시며 제자들에게 초자연적인 예수님의 모습을 보여주셨다. 예수님이 제자들에게 이 모든 것을 보이신 이유는 딱 한 가지다. 그들 안에 있는 땅의 사고를 바꾸라는 뜻이다. 제자들의 사고 방식이 바뀌어야 한다는 것이다. 믿음으로 사고하고, 믿음의 생각을 할 때 하늘 문이 열리기 때문이다.

영의 사고방식과 사역의 현장

우리도 마찬가지다. 예수님의 제자라면 그에 맞는 제자의 태도를 갖춰야 한다. 옛 자아가 가진 생각들, 죽을 수밖에 없는 육신의 생각을 버리고, 새 생명을 입은 우리가 해야 할 생각들이 있다. 영적(靈的)인 사고가 있다. 이전과 다르게 보고 다르게 생각하고 다르게 움직여야 한다. 복음서의 제자들은 땅의 사고를 가지고 있었고, 사도행전의 제자들은 하늘의 사고방식을 가지고 있었다. 그것이 거듭남이다. 전과 후가 완전히 다른 것이다. 무엇이 다른가? 성령이 임한 사람과 임하지 않은 사람의 차이다. 성령이 임했을 때 그들의 모든 것이 바뀌었다.

"기도하면 이루어진다." 이 말을 육의 귀로 들으면 하나도 감동이 안 되지만, 영의 사고가 열린 사람은 이것이 무슨 뜻인지 안다. 그리고 그 사람에게 능력이 나타난다. 기적이 일어나고 치유가 일어나고 귀신들이 떠나가기를 기도한 교회처럼 그 능력이 발휘되는 것이다. 교회는 철학 이야기를 듣는 곳이 아니다. 잘사는 법에 대해 듣는 곳도 아니다. 영적인 이야기, 생명의 이야기를 듣는 곳이다. 그때 내 삶에 변화가 일어나기 때문이다.

예수님은 제자들에게 이런 영의 사고방식을 가르쳐주신다. 예수님은 제자들을 항상 현장으로 보내셨다. 예수님의 교육 현장은 성전 안이 아니라 필드였다. 제자들은 필드에서 하나님을 경험한다. 복음은 교회 안에 갇혀 있지 않다. 우리만의 리그라면 우리 스스로 복음의 한계를 정하는 것이다. 당신의 가정과 일터에서 복음의 능력이 나타나기를 축복한다. 바로 그곳에서 하나님의 실제가 나타나기를 원한다. 당신이 기도할 때 치유가 일어나고 회복되고 묶인 것들이 풀어지는 역사가 일어나기를 원한다. 현장에서 그 일들이 일어나기를 바란다. 그래서 예수님은 제자들을 현장으로 보내셨다.

이제는 선교 훈련의 패턴도 완전히 바뀌고 있다. 요즘 선교에는 비자 발급이 큰 이슈다. 예전에는 "선교지에 가서 뼈를 묻고 순교하리라"라고 했지만 요즘은 그렇게 못한다. 왜? 비자 때문에 안 된다. 다른 전략들이 모색되고 있다. 사역할 수 있는 기간도 한계가 있다. 예전처럼 몇 년씩 준비해서 선교지에 나가는 것도 말이 안 된다. 지금은 선교 훈련을 최대한 짧게 끝낸다. 그리고 바로 필드로 보내서 그곳에서 배우고 경험하게 한다. 직장에 신입사원이 들어오면 리더들은 그 사람이 어디서 무슨 공부를 얼마나 했든지 상관없이 답답하다. 그래서 복사하는 법부터 하나하나 다 가르친다. 필드가 굉장히 중요하다. 예수님도 제자들을 필드로 보내셨다. 실패와 성공보다 거기서 제자들이 배우고 깨닫기를 원하신 것이다.

능히 하지 못하더이다?

마가복음 9장에서 제자들은 귀신 들린 아이를 만났다. 그들은 예수님이 하신 것처럼 온갖 방법을 다 써보았을 것이다. 그래도 결국 고치지 못했다. 아이의 아버지가 예수님에게 이렇게 묻는다.

내가 선생님의 제자들에게 내쫓아달라 하였으나 그들이 능히 하지 못하더이다 막 9:18

귀신 들린 아이의 아버지가 말했다. "당신의 제자들에게 고쳐 달라고 했는데 못하던데? 당신은 뭐요? 가짜 아니오?" 사실 굉장히 도발적인 말이다. 제자들이 어디 가서 욕을 먹었다면 결국 선생을 욕하는 것이 된다. 그래서 예수님이 열을 좀 받으셨다.

믿음이 없는 세대여 내가 얼마나 너희와 함께 있으며 얼마나 너희에게 참으리요 막 9:19

예수님이 굉장히 답답하셨던 것 같다. 왜 이런 말씀을 하셨을까? 예수님의 시간이 얼마 남지 않은 때라 예수님도 마음이 급하셔서 빨리 가르쳐주고 싶으셨다. 예수님이 제자들에게 아주 중요한 말씀을 하신다. 이것이 우리의 믿음이 되기를 바란다.

예수께서 이르시되 할 수 있거든이 무슨 말이냐 믿는 자에게는 능히
하지 못할 일이 없느니라 하시니 막 9:23

우리도 입으로 선포해야 한다. 예수님이 제자들에게 가르쳐주
고자 하는 믿음이 무엇인가? 예수님은 "그렇게 못하면 안 되는
데, 그렇지만 실패할 수도 있다"라고 하신 것이 아니라 제자들은
그래서는 안 된다고 말씀하셨다. 예수님이 떠나면 그들이 예수님
의 역할을 감당해야 할 사람이라는 것이다. 그들을 통해 그 능력
을 행하기를 원하신다는 것이다. 예수님은 부드럽게 말씀하지 않
으셨다. 제자들에게 믿음이 없다고 책망하시며 믿는 자에게는 능
히 하지 못할 일이 없다고 하셨다. 믿음이란 불가능이 없는 것이
다.

우리 가운데 능력이 나타나지 않는 진짜 이유는 무엇인가? 우
리가 주님을 믿지 못한 것이다. 주님을 믿으면 능력이 나타나기
때문이다. 특별 새벽기도회 때 한 자매의 발이 낫는 기적이 일어
났다. 이 자매의 평소 성품이 어떤지 주변에 물어보니 다 밝다고
말했다. 항상 긍정적인 에너지를 가지고 무슨 말에든 "예" 하며
나아갔다고 칭찬이 자자했다. 어찌 보면 이 자매에게 능력이 나
타난 이유는 아주 간단하다. 아픈 곳에 손을 얹고 기도하라고 할
때 그대로 믿고 행한 것이다.

제자에게는 하나님나라의 실제가 나타난다

예수님은 우리에게 처음부터 끝까지 보이지 않는 하나님나라에 대해 말씀하셨고 그 나라의 실제를 보여주셨다. 그러나 우리의 지식적 사고로는 보이지 않는 나라의 역사를 믿지 않는다. 이것이 우리 교회가 넘어야 할 한계다. 당신에게 그 실제가 나타나기를 바란다. 우리가 이것 때문에 교회에 나오는 것이 아닌가? 철학이나 인문학 강의를 잘하는 사람은 인터넷이나 유튜브에 얼마든지 많다. 스님들이 마음이 편안해지는 법을 얼마나 잘 설명하는지 모른다. 그런데 마음이 편하다고 문제가 해결될까? 우리는 실제적인 문제가 해결되기를 바란다. 마음의 평안을 넘어서는 하나님나라의 능력을 보기 원하는 것이다. 이 점이 다르다.

마음을 편하게 해주는 것은 종교에 불과하다. 기독교는 종교가 아니다. 예수님 또한 종교가 아니다. 예수님을 만나면 거듭나게 된다. 예수님을 만나면 죽은 자도 살아나게 되어 있다. 마음을 편하게 해주는 메시지 말고 종교에 뭐가 더 있는가? 그러나 기독교는 거기서 그치지 않는다. 마음에 평안을 주는 샬롬 메시지 플러스 능력이 있다. 이 일들이 이루어져야 한다. 이것이 바로 제자가 할 일이다.

집에 들어가시매 제자들이 조용히 묻자오되 우리는 어찌하여 능히 그 귀신을 쫓아내지 못하였나이까 이르시되 기도 외에 다른 것으로는 이런 종류가 나갈 수 없느니라 하시니라 막 9:28-29

제자들이 다시 예수님에게 조용히 물었다. 제자들도 궁금했던 것이다. 예수님은 제자들의 실패를 책망하셨지만 다시 가르쳐주신다. 그리고 이때 제자들이 비로소 제대로 된 질문을 한다. 그것이 무슨 말인가? "예수님이 우리도 할 수 있다고 하셨는데 우리는 왜 안 된 겁니까?" 그러자 주님은 기도 외에 다른 것으로는 이런 종류의 능력이 나갈 수 없다고 하셨다. '기도'가 능력이다.

하늘의 능력이 임하는 사람의 태도와 기도

나는 기도하는 자가 망하는 것을 본 적이 없다. 기도하지 않고 응답받는 것이 제일 무섭다. 기도하지 않고 설교하고, 기도하지 않고 사역하는 것이 제일 무서운 것이다. 하나님은 기도 말고는 하늘의 능력을 풀어내시지 않는다. 기도할 때 하나님의 능력이 나온다. 기도하는 사람이 전하는 메시지는 보이지 않지만 하늘 문을 연다. 우리는 기도해야 한다. 우리는 기도가 중요하다는 것을 안다. 그런데 왜 응답받는 기도가 있고 응답받지 못하는 기도가 있는가?

1. 기도는 하나님과의 대화다

성공한 사람들의 다큐멘터리를 보면 성공 이면에 그 성공을 가져온 본질에 대해 말한다는 것을 알 수 있다. 기도도 마찬가지다. 신앙의 핵심은 행위가 아니라 그 행위를 하게 하는 본질에 달려 있다. 열심히 기도하는데도 왜 응답받지 못하는가? 기도는 하나님과의 대화다. 우리가 호흡을 하듯이 반드시 해야 하는 것이 기도다. 이것이 성경에서 말하는 기도의 정의다. 대표적인 기독 지성인 팀 켈러(Timothy Keller) 목사 역시 기도를 강조했다. 그의 지성은 영성에서 나오는데 그 영성의 비결이 기도에 있다는 것이다. 《팀 켈러의 기도》(두란노)라는 책에 이런 이야기가 나온다. 만약 당신이 불치병에 걸려서 정해진 시간에 약을 먹지 않으면 죽는다는 말을 들었다면 제시간에 반드시 약을 먹지 않겠느냐는 것이다. 당연히 시간을 지켜서 약을 먹을 것이다. 기도도 이와 같다. 우리가 기도하지 않으면 우리의 영혼은 메마르고 생각이 날카로워진다. 우리는 기도를 해야 한다.

기도는 하나님과의 대화다. 대화는 '관계'를 만든다. 기도로 하늘 문을 여는 사람은 하나님과 깊은 관계에 있다. 하나님과 관계를 맺으려면 어떻게 해야 할까? 관계는 인격과 인격의 만남이다. 서로가 서로를 존중하는 상태를 말한다. 따라서 보이지 않는 하나님과 친밀함을 누리려면 그 하나님이 인격으로 다가와야 한다.

그래서 예수님이 인격으로 오신 것이다. 예수님은 우리를 존중해주시고 우리의 발을 닦아주셨다. 우리를 함부로 대하지 않고 우리의 생각을 존중해주신다. 성령 사역을 하는 사람들의 오해는 성령님을 무슨 에너지처럼 여긴다는 것이다. 성령님은 하나님이시다. 우리가 인격이신 성령님과 교제할 때 성령님과 동행할 수 있고, 성령의 역사를 따라갈 수 있다. 그것이 관계다.

인격적인 관계에서 가장 중요한 것은 '소통'이다. 관계를 잘 못하는 사람들을 보면 여러 이유로 그 마음 안에 정서적인 장애가 있다. 인격이 깨져 있다. 그래서 관계가 잘 안 된다. 혼자서는 어떻게 살아가는데 관계가 어렵다. 왜 그런가? 정서적인 인격이 무너져 있기 때문에 소통이나 대화할 줄을 모르기 때문이다. 내면에 꼬인 것들이 많아 그 사람과는 말 한 번 섞기가 힘들다. 우리도 마찬가지다. 관계 정서에 장애가 있는 사람은 하나님과 관계를 잘하지 못한다. 하나님과 관계를 잘 맺기 위해서는 관계의 문, 소통의 문이 열려 있어야 한다. 하나님과 인격적으로 관계가 좋은 사람이 이웃과 관계가 나쁜 것을 본 적이 없다. 하나님을 사랑하는 사람이 이웃을 사랑하지 않는 것을 본 적이 없다. 이것이 중요하다.

2. 마음을 움직이는 기도

하나님이 우리를 지으실 때 코에 생기를 불어넣으신 이유가 무엇인가? 우리와 인격적인 교제를 나누고 대화하시기 위해서다. 그것이 기도이다. 그런 점에서 응답받는 기도의 비결은 하나님과 소통할 수 있어야 한다는 것이다. 그저 "믿습니다"가 아니다. 우리 마음의 태도에 달려 있다. 소통이란 마음과 마음이 통하는 상태를 말하며, 소통이 되어야 하나님과 대화도 할 수 있다. 이것이 기도이다. 더 구체적으로 말하면 하나님의 '마음'을 움직여야 한다. 기도를 내가 가진 능력이나 노력이라고 생각하는 사람들이 있는데 전혀 그렇지 않다.

즐겨보던 TV 프로그램 중에 '백종원의 골목식당'이라는 프로가 있다. 나도 '조지훈의 골목교회'라는 것을 한번 해보고 싶다. 백종원 씨가 식당 주인들에게 해주는 것처럼 후배 사역자들에게 해주고 싶은 이야기가 너무 많기 때문이다. 그가 하는 말이 내 마음을 대변해줄 때가 많았다. 한번은 한 피자집이 문제가 되었다. 음식이 문제가 아니라 식당 주인이 손님을 대하는 태도가 문제였다. 손님이 파스타가 너무 불었다고 하는데, 주인은 "풀어서 드세요" 아니면 "남기세요"라고 응대했다. 손님의 컴플레인에 그냥 남기라고 말하다니 이것이 말이 되는가? 그런 식당에 누가 다시 가고 싶을까?

백종원 씨는 손님을 대하는 태도가 빵점이라고 했다. 소통할 줄 모른다는 것이다. 그러니까 마음을 움직이지 못한다. 음식이 아무리 맛있어도 손님은 그런 식당에는 가고 싶지 않다. 물론 욕쟁이 할머니라는 식당도 존재한다. 그런데 욕쟁이 할머니의 입담이나 욕은 사실 그 자체가 소통이다. "갖다 먹어, 이놈아!" 하는 할머니의 욕에서 엄마의 사랑을 느낀다는 손님들이 오히려 욕을 더해달라고 한다. 정감을 느낀다. 마음이 움직인다. 우리가 하나님을 만날 때에도 하나님의 마음을 터치해야 한다. 40일 금식기도와 같은 행위가 아니라 마음과 마음이 이어져야 하는 것이다.

사람들과의 대화에도 격이 있다. 만나는 사람의 연령과 대상에 따라 우리는 사용하는 단어가 달라지고 톤이 바뀌고 격이 바뀐다. 어린이와 대화할 때는 그 눈높이에 맞는 언어를 써야 한다. 하물며 만군의 주 하나님과 대화할 때 어떻게 해야 할까? 내 태도와 마음가짐이 달라져야 한다. 하나님과 대화하려면 인격적인 정서가 건강하게 풀려야 한다. "말 한마디에 천 냥 빚도 갚는다"라는 속담이 있다. 핵심은 빚이 아니라 그 빚을 갚겠다는 사람의 마음가짐이다. 하나님과의 관계에서도 똑같다.

어떤 자매가 택시를 불렀는데 사정이 있어서 조금 늦게 나가게 되었다. 그래서 기다리던 택시운전사가 열이 받았다. 씩씩대며 손님이 오기만 하면 한소리하려고 기다렸는데 이 자매가 너무 미안한 나머지 택시에 타면서 "이렇게 오래 기다려주시다니 기사님, 너무 젠틀하세요!"라고 말했다. 손님이 그렇게 칭찬을 하자 운전기사가 "그렇죠!"라고 하고 별말 없이 갔다고 한다. 말 한마디가 이렇게 중요하다.

3. 감동이 있는 말 한마디

그렇다면 하나님의 마음을 움직이는 것은 무엇일까? 하나님을 모르면 내가 기도한다고 몇 시간을 떠들어도 소용이 없다. 말 한마디로 하나님의 마음을 움직일 수 있어야 한다. 말 한마디에 천 냥 빚을 갚는 것이다. 마태복음 8장에서 예수님은 백부장의 믿음을 가장 큰 믿음이라고 칭찬하셨다.

이르시되 내가 가서 고쳐주리라 백부장이 대답하여 이르되 주여 내 집에 들어오심을 나는 감당하지 못하겠사오니 다만 말씀으로만 하옵소서 그러면 내 하인이 낫겠사옵나이다 나도 남의 수하에 있는 사람이요 내 아래에도 군사가 있으니 이더러 가라 하면 가고 저더러 오라 하면 오고 내 종더러 이것을 하라 하면 하나이다 예수께서 들으시고 놀랍게 여겨 따르는 자들에게 이르시되 내가 진실로 너희에게 이르노니 이스라엘 중 아무에게서도 이만한 믿음을 보지 못하였노라

마 8:7-10

그의 믿음을 칭찬하신 것은 말 한마디 때문이다. 백부장이 말 한마디로 예수님의 마음을 바꾼 것이다. 예수님과 소통할 줄 안 것이다. 예수님이 "내가 가서 고쳐주마"라고 하니까 백부장이 겸손히 자기를 낮춘다. "주님, 나는 주님을 내 집으로 모셔들일 만한 자격이 없습니다." 얼마나 겸손한가? 그는 자신이 백부장이니 주님이 꼭 오셔야 한다고 대꾸하지 않았다. "그저 한마디 말씀만 해주십시오. 그러면 내 종이 나을 것입니다"라고 했다. 얼마나 겸손한가? 예수님이 그 말에 감동하셨다. "자신도 윗사람이 있고 자기 아래에 군사도 있어서 내가 이것을 하라고 하면 합니다. 나도 주님 앞에 그런 종입니다. 그러니 말씀만 해주십시오." 예수님이 이 말을 듣고 놀라셨다. 얼마나 지혜로운 사람인가? 예수님은 이만한 믿음을 본 적이 없다고 그를 칭찬하시며 그의 종을 고쳐주신다. 할렐루야! 응답받는 비결은 우리 마음의 태도에 달려 있다.

직장 상사라면 직원들 중에 누가 더 사랑스러울까? 일은 잘해도 마음의 태도가 바르지 않은 사람은 나중에 큰 문제를 일으킨다. 상사가 같이 커피 한 잔 하자고 하는데 "아뇨. 저 마셨는데요" 이렇게 대꾸하는 직원이 과연 탐탁할까? 상사의 말은 소통하자는 이야기인데, 직원은 그 마음을 헤아릴 줄 모르는 것이다.

최근에 결혼한 자매가 있는데 결혼식에 청년들이 많이 참석했다. 자매가 사랑받을 만한 일을 많이 한다. 나에게도 문자를 보낼 때 "목사님, 힘드시지요? 홍삼 하나 드세요!"라고 답 문자를 보내며 하트며 이모티콘을 많이 날린다. "○○야, 힘내자"라고 보내면 "목사님도 파이팅팅팅팅!!"이라고 답이 온다. 반면에 한 번 모이자고 하면 "네" 이렇게 한마디로 답하는 사람들이 있다. 이런 사람과 더 이상 무슨 대화를 할까? 게다가 문자에 답 한 번 안하는 사람들도 있다.

소통을 잘해서 후회할 것은 없다. 하나님과의 관계에서도 마찬가지다. 우리도 하나님 앞에 백부장과 같이 마음에 쏙 드는 말 한마디로 천 냥 빚을 갚는 것이다. 이것이 응답받는 기도의 비결이다. 기도는 대화이고 하나님과 인격적인 관계에서 나오는 것이기 때문이다. 만약에 내가 제자들에게 어떤 의견을 말했을 때 "아, 네…" 이런 대답보다 "네, 목사님, 한번 해보세요!"라는 말을 듣는다면 얼마나 좋은가? 자녀를 부를 때 "예, 아빠"라고 대답해주면 부모의 기분이 좋다. 그런데 불러도 대답이 없고 "아, 왜 또…" 이렇게 말한다면 부모는 상심이 크다. 그런 인생은 다른 데 가서도 하나님의 복을 받지 못한다. 하나님은 하나님의 복을 받을 사람에게 능력을 부어주신다. 준비된 사람에게 하나님의 복이 부어진다. 당신이 그럴 수 있기를 바란다. 이 이기적인 시대에 교회가 더 소통해야 한다. 성도가 더 교인답게 소통해야 한다. 더 손해보고 섬겨야 한다.

4. 진실한 마음의 기도

우리가 진실하게 기도할 때 하나님께서 그 기도에 응답하신다. 하나님은 우리의 중심을 보신다. 화려한 미사여구를 늘어놓는 마음 없는 기도에는 응답하지 않으신다. 오래전에 어느 교회 예배에 참석했을 때 일이다. 그날 장로님이 대표기도를 하셨는데, 기도가 장장 25분이나 이어졌다. 일종의 기도 설교였다. 창세기부터 계시록까지 망라하고 교회를 질책하는 내용이었다. 과연 그 기도에 하나님이 응답하실까 싶었다. 왜 주님이 가슴을 치며 기도했던 세리와 같은 죄인들의 기도에 응답하셨을까? 미사여구 없는 진실한 기도였기 때문이다. 세리의 소통은 진실함이다. 진실해야 마음이 열린다. 진실함은 간절한 것이다. 그것이 진리다. 자신의 부족함을 알아야 간절히 기도한다.

간절한 기도를 이해하려면 부모님의 마음을 이해하면 된다. 자식의 문제로 기도하는 부모의 기도는 간절하다. 자기 문제처럼 기도한다. 나의 할머니는 신앙이 깊지 않으셨지만 식사 때마다 정말 간절히 기도하셨다.

"우리 조 목사, 잘 되게 해줍사. 건강하게 해줍사. 교회도 부흥하게 해줍사!"

사투리 섞인 할머니의 이 기도가 생각날 때가 있다. 간절한 기도였기 때문이다. 누가 나를 위해 이렇게 간절히 기도할까? 식사 때마다 레퍼토리 하나 바뀌지 않았다. "우리 큰 아들, 작은 아들, 우리 큰 손주, 작은 손주, 잘 되게 해줍사." 이 간절한 기도가 응답받는 기도이다. 만약 제자들이 귀신 들린 아이의 아버지의 마음으로 기도했다면 응답을 받았을 것이다. 만약 자신의 아이가 귀신이 들렸다면 제자들이 그렇게 사역하듯이 기도하지 않았을 것이다. 간절한 기도는 하늘의 문을 연다. 아주 유치할 만큼 구체적으로 기도해보라. 미사여구는 필요 없다. 누구 다른 사람 들으라고 기도하는 것이 아니기 때문이다. 우리의 기도는 하나님께 들려드려야 한다. 중심으로 기도해야 한다. 그 기도를 하나님이 듣고 응답하신다. 진실한 기도는 하나님의 마음을 움직인다. 감동을 받으면 문이 열린다. 감동은 공감대가 형성된 것이다. 내가 그 문제 안으로 들어가는 것이다. 진실한 기도, 그 감동의 기도를 할 수 있기를 바란다.

부산에서 가장 큰 교회를 담임하시는 목사님이 계신데, 이분의 목회 성공의 비결은 설교가 아니다. 이분은 설교를 마치고 나면 30분간 손을 들고 교인들을 축복하는 기도를 한다. "저 성도 아픈데… 저 성도 힘든데… 저 성도 어려운데… 저 성도 빚이 많은데… 저 성도 암 때문에 고통받는데…." 담임목사의 이 진실한 기도를 들으면서 교인들의 마음이 녹아내리는 것이다. 그럴 때 하나님께서 그 기도를 들어주신다. 하늘 문을 열어주시고 응답을 부어주신다. 그렇게 진실하게 기도해야 하는 것이다.

나도 교회에서 봉헌기도를 할 때마다 빚 문제를 놓고 기도한다. 우리 교회뿐 아니라 요즘 빚 없는 사람이 없는 것 같다. 다 재정의 고통 중에 있기 때문에 간절히 기도한다.

"하나님, 빚을 해결해주십시오!"

처음에 이 기도를 하는데 쉽지 않았다. 무슨 교회에서 목사가 봉헌기도를 하며 빚 문제를 해결해달라고 기도하는가? 그런데 안 할 수가 없어서 기도했다. 그러자 여기저기서 간증을 많이 듣는다. 목사인 내가 빚 문제로 기도할 때 '맞아, 빚을 해결해야지!' 하고 기도의 제목을 붙잡게 되더라는 것이다. 그리고 그렇게 기도할 때 '나도 십일조를 할 수 있겠구나', '내 빚 문제도 해결될 수 있구나' 하면서 힘을 얻었다는 것이다. 그때부터 하나님이 역사하시기 시작하는데 어떤 자매는 15억의 빚이 있었는데 3개월 만에 14억을 갚았다고 간증하기도 했다.

그러면 우리는 더 구체적으로 기도할 것이다. 좀 유치해도 아버지와 대화하듯이 기도하는 것이다. "저 성도, 밥도 잘 못 먹는답니다. 하나님, 이 문제를 해결해주십시오." 당신도 이렇게 구체적으로 기도하기를 바란다. 하나님 앞에 구체적으로 아뢰라. 그

때 하나님이 역사하신다. 하나님께서 우리의 기도를 듣기 원하신다. 하나님은 우리와 대화하기를 원하신다. 그 마음으로 주님 앞에 나아갈 때 당신 안에 능력 있는 기도, 응답받는 기도가 나타날 줄 믿는다.

chapter 7

제자는 믿음의 사고를 한다

●히브리서 11:1

제자의 삶은 특별하다. 예수님이 먼저 제자들을 부르셨다. 예수님은 그들에게 아주 특별한 것들을 가르치신다. 하나님의 나라, 곧 영적인 세계에 대해서 가르치신다. 예수님의 제자훈련은 그들에게 믿음을 심어주는 것이었다. 그 믿음은 허상에 기초한 것이 아니다. 제자는 보이는 것에 영향을 받고 사는 존재가 아니라 보이지 않는 하나님나라의 영향을 받고 사는 존재이기 때문이다. 물론 제자훈련 과정을 통과했다고 해서 제자가 되는 것은 아니다. 제자훈련의 진짜 성과는 열매를 보고 알 수밖에 없다. 다시 말해 "흔들리지 않는 정체성을 가졌는가?"라는 질문에 분명히 답하지 못한다면 백날 훈련해도 소용이 없다.

유일한 나, 존재적 나

"하나님이 누구신가?"(Who is the God?) 그리고 하나님이 지으신 "나는 누구인가?"(Who am I?) 단순히 군중으로서 자신의 필요를 채우며 사는 존재가 아니라 하나님께서 지으신 '나'에 대해서 아는 것, 이것은 매우 중요한 질문이자 신앙의 핵심이고 정체성이다. 성경은 하나님의 정체성에 관한 이야기이고, 우리의 정체성에 관한 이야기이다. 그것이 창조이다. 그것이 전부다. 심플하다.

우리의 신앙은 이 고백으로부터 출발한다. 아주 중요한 우리의 고백이다. "나는 하나님의 존재를 믿는다. 창조주 하나님이 모든 만물을 창조하신 것을 믿는다." 하나님은 창조주이시고 그분이 모든 것을 만드셨음을 믿는 것이다. "그 창조 안에 내가 있다. 나는 하나님의 형상이다." 보이지 않는 영이신 하나님의 존재를 인식하고 하나님과 교제할 수 있는 존재라는 것이다. 이 고백이 분명해야 '존재적 나'를 알 수 있다.

눈이 두 개, 귀가 두 개, 코가 하나임을 아는 것이 나를 아는 것인가? 그것은 그냥 보이는 것을 설명할 뿐이다. 나를 안다는 것은 이 세상에서 내가 단 하나임을 아는 것이다. 이 세상에 나와 같은 존재는 없다. 이 세상에 나 조지훈은 하나다. 이름이 같다고 해서 같은 사람이 아니다. 아무리 같은 이름이 많아도 '나'는 아니다.

나를 안다는 것은 내가 이 세상에서 유일한 존재임을 아는 것이다. 희소성이 있다. 희소하면 귀하고 가치가 있다.

금덩이가 주위에 널려 있으면 가치가 있을까? 금이 돌처럼 많아서 아무 때나 가질 수 있다면 금의 통화 가치가 없을 것이다. 그러므로 나를 안다는 것은 구체적으로 내 존재의 가치를 안다는 것이다. 우리는 물건이 아니다. 나는 누구의 소유물도 아니고, 누구의 종도 아니다. 나는 누구에게 억압받거나 묶여 있는 존재가 아니다. 그것이 나를 아는 것이다. 내가 어떤 가치인지 아는 것이다. 그래서 성경은 처음부터 우리가 누구인지 그 존재 가치를 분명히 하고 있다. 하나님은 천지만물을 말씀으로 창조하셨다. 그 중에 사람을 특별하게 만드셨다.

여호와 하나님이 땅의 흙으로 사람을 지으시고 생기를 그 코에 불어넣으시니 사람이 생령이 되니라 창 2:7

하나님께서 사람만 특별히 흙으로 지으셨다. 하나님께서 특별히 그 코에 생기를 불어넣어서 사람이 생령(生靈), 영적인 존재가 된 것이다. 다른 어떤 피조물도 그렇게 창조하지 않으셨다. '나'를 특별하게 지으셨다는 것이다. 당신은 특별하다. 누가 뭐라고 해도 당신은 특별하다. 이것을 믿는가? 이것을 알게 해주시려고 주님이 오셨다. 이것을 아는 것이 구원이다.

사람들은 세상을 보며 살지만, 우리는 보이는 세계뿐만 아니라 보이지 않는 세계를 믿고 산다. 우리는 특별하다. 보이는 것은 보이지 않는 것의 그림자일 뿐, 우리는 그 실체를 믿고 살아간다. 얼마나 많은 사람이 그것을 깨달을 수 있겠는가? 그러니 주님을 믿고 하나님나라를 믿고 고백한다는 것 자체만으로 그리스도인은 특별하다. 애써 노력하지 않아도 우리는 특별하다. 그렇게 기도하고 생각하고 예배하는 것만으로도 우리는 이미 특별한 존재다.

예수님을 믿고 구원받았다는 것은 종교에서 말하는 것처럼 죽으면 천국에 간다는 장소적인 개념이 아니다. 장소적인 개념으로 하나님나라를 설명한다면 다른 종교에도 멋지고 화려한 장소들이 있다. 우리가 천국에 가야 하는 이유는 무엇인가? 하나님이 계신 천국에 누가 들어갈 수 있는가? 하나님의 나라는 우주 만물을 다스리는 하나님이 계신 나라이기 때문에 특별하다. 가장 아름답고 위대하다. 그리고 우리는 그 안에 들어갈 자격을 부여받은 하나님나라의 자녀다.

나와 너, 사랑으로 하나 된 우리

나 자신에 대해서 한번 정의해보자. 결국 '나'라는 사람이 정의

되어야 제자라고 할 수 있다. '성경에서 말하는 나', '하나님께서 창조하신 나', '생령으로 움직이는 나'가 정의될 때 제자와 같은 사역이 일어나는 것이다. 제자들에게 나타난 하나님나라의 능력이 이 땅 가운데 나타나는 것이다.

창세기에 기록된 대로 내가 생령이 되었다는 것은 영이신 하나님을 알 수 있는 유일한 존재가 된 것이다. 보이지 않는 하나님과 교제할 수 있는 유일한 존재가 되었다. 다른 종교는 신(神)과 나자신을 이어줄 영매(靈媒)를 필요로 한다. 힌두교, 불교, 이슬람교 모두 영매가 강하다. 이단(異端)은 사람을 신격화한다. 이것이 종교다. 어떻게 인간을 믿는가? 기독교가 종교화되면 성직자들을 영매자로 여겨 특권을 준다. 그러나 성직자를 통해서만 무언가 이루어질 수 있다고 하는 것은 거짓이다.

주님은 우리 모두를 왕 같은 제사장으로 세우셨다(벧전 2:9). 우리는 모두 하나님과 교통하고, 교제할 수 있는 존재라는 것이다. 이것이 예수님께서 우리에게 열어주신 길이다. 누구든지 지성소 안으로 들어갈 수 있다. 이것이 복음이다. 우리가 이렇듯 특별하고 인격적인 존재가 되었다는 것을 어떻게 알 수 있을까? 하나님은 자신을 '아버지'라는 정체성으로 표현하셨다. 우리가 그 하나님의 자녀라는 것이다. 우리는 자녀로서 아버지 하나님과 인격적으로 교제할 수 있는 관계다. 서로의 생각을 존중하고 사랑하는 관계가 된 것이다. 이것이 비밀이다.

한 분 하나님 안에 성부 성자 성령 세 분이 함께 계시는데 어떻게 하나가 될 수 있을까? 각각 다르지만 하나다. 그 안에 있는 사랑과 존중, 서로 격려하고 세우고, 나를 넘어서 내가 상대와 한 몸을 이루는 가치를 말하는 것이다. 하나님은 그런 분이시다. 그것이 하나님의 속성이다. 하나님은 결코 우리를 버릴 수 없고 우리와 함께하기를 원하신다. 우리가 중요하게 볼 본질이 무엇인가? 하나님 안에서 하나 됨은 서로 다른 우리가 하나를 이루는 것이다. 그것이 바로 교회다. 우리는 이념으로 하나 된 것이 아니다. 복음은 이념 위에 있다. 사상으로 하나 된 것이 아니다. 기독교를 사상으로 이야기할 수 있겠지만 복음은 사상이 아니다. 사상 위에 존재하는 것이다.

우리는 사랑으로 하나가 되었다. 이것이 다르다. 교회는 생명을 말하는 곳이다. 이것이 굉장히 중요하다. 서로 다른 톱니지만 정교하게 맞물려서 자연스럽게 돌아가는 시계와 같은 것을 하나 됨이라고 말할 수 있다. 우리의 영도 그렇게 되어야 한다. 나의 생각과 하나님의 생각이 정교하게 맞물려 돌아가야 한다. 물리적인 하나가 아니다. 다르지만 정교하게 맞물려 돌아간다. 어긋나면 돌아가지 않는다. 이것이 중요하다. 서로 다르지만 각자 다양성이 존중되어 유기적으로 돌아가고 있는 상태다.

그래서 한 사람, 한 사람이 다 귀한 것이다. 교회는 목사만의 교회도 아니고, 성도만의 교회도 아니다. 우리 모두가 유기적으로 하나가 되어 돌아갈 때 한 몸인 예수 그리스도를 나타낼 수 있는 것이다. 신앙이 좋든 나쁘든 존재 자체는 각자 똑같이 귀하다. 저 사람이 기도를 많이 하든 안 하든 행위적으로 다른 측면이 있지만 그 존재 자체는 똑같이 귀하다. 아버지의 눈에 큰아들이든 작은아들이든 똑같이 귀하다. 당신은 참 귀하다!

우리의 생각을 존중해주시는 하나님

여호와 하나님이 흙으로 각종 들짐승과 공중의 각종 새를 지으시고 아담이 무엇이라고 부르나 보시려고 그것들을 그에게로 이끌어 가시니 아담이 각 생물을 부르는 것이 곧 그 이름이 되었더라 창 2:19

하나님께서 아담의 생각을 존중해주셨다. 이것이 귀하다. 아담의 가치를 존중해주셨다. 우리는 아담의 자손으로 아담의 씨로부터 왔다. 하나님께서 창조하신 아담의 형상이 예수 그리스도를 통해 회복되었다. 예수 그리스도는 어제나 오늘이나 영원토록 동일하시다.

하나님이 우리의 모든 생각을 존중하신다. 그런데 사탄은 그것을 속인다. 예수님을 믿으면 내 생각이 이념화될 것 같고, 기독교가 사상화될 것 같고, 세상 것을 다 포기해야 하고, 손해만 볼 것 같은가? 다 거짓말이다. 그것은 아버지 되시는 하나님을 아직 못 만났기 때문이다. 아버지는 우리에게 언제나 좋은 것을 주시는 분이다. 하나님은 우리를 존중해주신다. 우리가 얼마나 특별한 존재인지 모른다. 제자의 부르심은 바로 그것이다.

제자는 군중과 다르다. 특별하다. 그래서 제자들의 생각을 존중해주신다. 하나님이 아담의 생각을 존중하셔서 아담이 각종 생물을 무엇이라고 부르나 보시려고 그것들을 아담에게로 이끄신다. 그것이 하나님의 마음이다. 아담이 부르는 것이 곧 그 생물의 이름이 된다. 내가 두 딸에게 너희들은 다람쥐를 닮은 것 같다고 말했다. 귀엽다는 뜻이다. 아이들에게 "아빠는 누구 닮았어?"라고 물었더니 둘째는 나에게 사자 같다고 말해줬다. 괜찮았다. 그런데 큰딸은 나를 딱 보더니 "개코원숭이 닮았어"라고 말했다. 기분이 썩 좋지는 않았다. 물론 아이의 생각을 존중한다. 가만히 보니까 좀 닮은 것 같기도 하다. 뭔가 길다는 것이다. 창의적이다. 너무 놀랍지 않은가?

하나님의 뜻을 따를 자유

그렇다면 진리가 무엇인가?

"I am the God. I am Who I am"(나는 하나님이다. 나는 스스로 존재한다. 출 3:14 참조).

"I am the way, I am the truth, I am the life"(나는 길이요 진리요 생명이다. 요 14:6 참조).

진리라는 개념을 말하는 것이 아니라 진리를 전하는 우리 자신이 중요하다. 그 진리가 우리 안에 있다. 진리는 추상적인 철학의 개념이 아니다. 'I am'을 표현할 수 있는 것이다. 내가 중요하다. 사람이 진리라고 생각하는 많은 철학적, 과학적 증거들이 다 어디서 나오는가? 인간의 생각, 인간의 가설에서 나온다. 내가 어떻게 생각하느냐가 굉장히 중요하다. 이미 진리가 있다. 그 진리가 진리 되게 할 수 있는 존재가 바로 '나'라는 사실이다.

진리가 주는 선물은 자유함이다.

진리를 알지니 진리가 너희를 자유롭게 하리라 요 8:32

여기서 말하는 자유란 아담이 하나님으로부터 부여받은 자유, 생각을 말한다. 존중받을 수 있는 자유다. 하나님이 아담의 생각을 존중하셨다. 에덴이라는 안전한 곳에서 마음껏 생각할 수 있게 하셨다. 이것이 종교와 신앙의 차이다. 그런데 교회가 종교화되면 인간의 제도 안에서 그 유연함을 잃는다. 그러면 성령께 반응할 수가 없다. 그러니까 우리에게 제도가 필요하지만 무엇을 위한 제도인지, 생명력 있는 제도인지를 항상 살펴야 한다.

오히려 세상이 제도에 대해 민감하다. 그러나 영(靈)이 제도를 넘어선다는 것을 알아야 한다. 이것이 무슨 뜻인가? 우리가 편하기 위해 제도를 만들었는데 어느 순간 그 제도 때문에 살아가게 된다면 우리에게는 언제든 그것을 바꿀 수 있는 유연함이 있어야 한다는 것이다. 우리 안에 생명력으로 돌아갈 수 있는 것, 그것이 자유다.

아담이 가졌던 자유란 자신의 생각이 곧 하나님의 생각이라고 여기는 확신을 말한다. 진리는 결국 자유를 가져온다. 진리가 없으면 자유가 아니다. 자유의 개념을 좀 더 쉽게 설명하자면, 내가 가고 싶은 곳에 가는 것이다. 내가 하고 싶은 것을 하는 것이다. 묶여 있으면 그것은 진리가 아니다. 자유는 선택이다. 그래서 하나님께서 인간에게 자유의지를 주셨다. 선악과를 먹을 수 있는 자유와 먹지 않을 수 있는 자유, 하나님께서 우리에게 "먹지 말라"고 말씀하셨지만, 또한 우리에게 선택권을 주셨다. 이것이 진리이고 자유다.

우리가 하나님의 말씀대로 살면 하나님의 복을 받는다는 것을 안다. 그런데 하나님이 우리에게 선택권을 주셨다. 하나님의 뜻을 따를 수 있는 자유, 이 또한 자유다. 나의 생각을 하나님의 생각에 맞추는 자유, 이 또한 자유다. 묶임이 아니다. 아무리 목사가 "교회의 비전이 나의 비전이다. 하나님의 비전이 나의 비전이다"라고 백날 선포하고 기도해도 내가 그것을 선택하지 않으면 그것은 자유가 아니다.

우리에게 하나님을 따를 자유도 있지만, 반대로 하나님의 뜻을 벗어날 자유도 있다. 하나님의 뜻을 벗어나 세상의 뜻을 따를 자유, 그것이 군중의 생각이자 육의 생각이다. 그대로 가면 사망인데 사망을 택하는 것이다. 사망의 생각을 계속 따라가는 것이다. 누가 선택하는 것인가? 그 또한 내가 선택하는 것이다.

자유는 선택이다

주님은 제자들에게 "나를 따라오라"고 말씀하셨다. 예수님이 베드로와 그의 형제 안드레에게 이렇게 말씀하셨다.

나를 따라오라 내가 너희를 사람을 낚는 어부가 되게 하리라 하시니

막 1:17

베드로가 안 가면 그만인데 주님을 따라갔다. 이것이 중요하다. 그 선택과 결정 위에 하나님께서 권위를 부으셨다. 그것이 제자도(Discipleship)이다.

그러나 똑똑히 눈을 뜨고 이 세상을 바라보라. 미래가 어떤 것 같은가? 미래에는 선택이 없다. 4차 산업시대의 미래는 모든 것을 데이터가 결정한다. 보이지 않는 거대한 감시자가 우리를 지켜본다. 우리가 지금 굉장히 자유로운 것 같은가? 어느 때보다도 인간의 자유를 말하고 있는 것 같은가? 미래산업 관련한 업종에서 일하는 분들이라면 내 말이 무슨 뜻인지 이해될 것이다. 과연 진짜 자유가 있는가? 자유가 있지만 만들어진 틀 안에서 주어진 자유다. 일정한 자격을 갖춘 사람만이 누리는 자유다. 데이터에 따라 만들어지는 세상, 그리고 그 틀을 벗어나서는 안 된다. 인간은 규격화되고 데이터화된다. 기계가 모든 것을 다 하면 인간은 무능력해진다. 무능력한 인간이란 어떤 의미인가? 생각하지 않는 인간이라는 뜻이다. 생각하지 않으니까 선택도 없이 그냥 끌려가는 것이다. 누군가 만들어준 세상 안에서 움직이는 것이다. 가상 공간까지 만들어졌다. 똑바로 깨어 있어야 한다. 우리가 누구인지 똑바로 알아야 한다.

진리를 아는 우리가 선택해야 한다. 자유는 선택이다. 그러면 하나님은 인간에게 왜 자유의지를 주셨을까? 하나님은 왜 이런 모험을 택하셨을까? 사랑은 구속하지 않고 자유한 것이다. 사랑은 자원하는 것이다. 사랑하기 때문에 선택하는 것이다. 사랑은 확신이고 결정이다. '내가 이 길을 가봐야겠다. 세상이 말하는 길과 하나님이 말씀하시는 길은 다르다. 영적인 법칙은 세상의 법칙과는 다르다. 그러나 보이지 않는 세계가 있다면 가봐야겠다.' 그 확신이 실제를 만드는 것이다. 아는 것이 문제가 아니라 확신의 문제다. 구원이 문제가 아니라 구원에 대한 확신이 문제다. 하나님나라가 문제가 아니라 하나님나라에 대한 확신이 문제인 것이다. 내가 성경을 아는 것이 문제가 아니라 아는 것에 대한 확신이 문제다. 사랑은 확신이다. 사랑은 선택이고 결정이다.

믿지 않는 사람들의 말이 맞다. 죽고 나면 무엇이 있는지 그때 가봐야 안다. 어떤 사람이 보았는가? 그러나 우리는 보이지 않는 하나님을 믿고, 그분이 하신 말씀을 믿고, 말씀에 기록된 모든 내용을 믿음으로 믿는다. 영으로 이 말씀이 사실이라고 고백한다. 성령을 받은 우리는 고백할 수 있다. 지식이 아니라 믿음으로 고백할 수 있다. 가봐야 아는 것은 같다. 그러나 우리는 그 후에 하나님나라가 있음을 믿는다. 죽은 후에 결국 믿지 않는 사람의 말대로 진짜 아무것도 없다면 믿지 않는 그가 이긴 것이다. 그런데 하나님나라가 있으면 어떻게 할 것인가? 자신 있는가? 당신이 하는 말에 자신이 있는가? 죽었는데 지옥이 있으면 어떻게 할 것인가? 당신의 확신에 자신이 있는가? 그래도 나는 "예수를 믿느니 내 주먹을 믿는다"라고 한다면 가라. 마지막 날에 분명히 보게 될 것이다.

성경만큼 마지막과 끝에 대해서 이야기하는 책이 있는가? 예수님은 그것 때문에 오셨다. 예수님은 제자들에게 미리 말씀하셨다. 예수님이 십자가에서 죽으시고 부활하셔서 다시 승리하는 존재로 오실 것이라고 말이다. 그런데 제자들이 알기는 했지만 믿지 않았다. 하지만 예수님은 말씀하신 그대로 죽으시고 부활하셔서 제자들을 찾아가셨다. 그들에게 확신을 주기 위해서였다. "네 선택이 맞아. 너희가 잘 따라온 것이 맞아. 마지막에 아무것도 없는 것 같고, 너희가 패배자고 실패자인 것 같지? 아니야. 나는 부활했어. 그리고 이렇게 여기 나타났잖아. 맞아. 너희가 결정한 것이 맞는 거야!"

당신이 지금 어떤 삶의 문제를 겪든지 주님의 뜻대로 가고 있는가? 그런데 거기에 불안함이 있는가? 걱정하지 말라. 그때마다 영의 생각으로 선포하라. "하나님은 나와 함께하신다. 하나님은 나를 반드시 좋은 곳으로 인도해주신다!" 예수님이 제자들에게 가르치신 것은 오직 믿음에 대한 것밖에 없었다. 제자 도마가 부활하신 예수님이 찾아오셨을 때 예수님을 보지 못하여 부활을 의심할 때에도 예수님은 도마에게 손을 내밀어 만져보고 의심을 버리고 믿음을 가지라고 말씀하셨다. 하나님을 끝까지 따라가는 자들, 예수님을 선택한 자들에게는 후회함이 없다. 내가 선택했기 때문이다. 그래서 자유로운 것이다. 이것이 중요하다.

생각의 미혹 vs 믿음의 사고

사탄의 미혹은 아담이 확신하는 생각에 대한 미혹이었다. 그 생각이 무엇인가? 아담이 선택할 일에 대한 미혹이었다. 아담은 하나님이 자신과 함께하심을 믿었다. 한 번도 의심한 적이 없었다. 하나님이 나의 생각을 존중하시고 내 생각이 하나님의 생각이라 여겼다. 심히 자유로웠다. 그런데 아담의 확신 가운데 사탄이 불신을 툭 던진 것이다. 불신은 의심이다. 사랑의 반대는 미움이 아니라 의심이다.

교회에서 같이 사역하는 동생 조나단 목사가 있다. 그는 분명히 내 동생이다. 나는 확신이 있었다. 그런데 사탄이 그렇지 않을 수도 있다는 생각을 툭 건드리고, 내가 의심하기 시작한다면 그 존재는 희미해진다. 반면 우리의 확신은 실상을 분명하게 한다. 사랑은 확신이다. 내가 아내를 의심한다고 생각해보라. 그러면 아무리 아내라고 해도 나에게 그 존재가 분명하지 않게 된다. 실상은 분명한데 갑자기 TV 신호가 안 잡히는 것처럼 말이다.

그래서 주님은 우리가 믿음의 사고를 하기 원하신다. 내가 주님의 제자로서 영적인 사고를 한다면, 내가 바라는 것과 하나님의 생각이 동일하다면 그것은 이루어진다. 내 사업의 비전이 하나님의 비전과 동일하다면 그 사업은 잘될 것이다. 내가 가진 데스티니(destiny, 하나님의 계획), 나의 교회의 데스티니가 하나님의 데스티니와 같다고 확신한다면 그 일은 이루어진다. 즉, 하나님의 존재에 대한 확신이 내 안에 분명하다면 그 일은 이루어지게 되어 있다.

> 믿음은 바라는 것들의 실상이요 보이지 않는 것들의 증거니
> 히 11:1

믿음은 바라는 것들의 실상이다. 보이지 않는 것들의 증거다. 그것이 믿음이다. 그것이 존재다. 사탄은 그것을 깨려고 한다. 믿지 않는 것 자체가 위험한 것이 아니다. 불신은 그 존재를 없애버린다. 아담이 처음으로 하나님의 존재에 대해서 의심했다. 그다음부터 아담이 어떤 마음으로 하나님을 바라보게 될까? 뭔가 거리낀다. 왜인가? 의심하기 때문이다. 아담이 의심을 통해 하나님을 불신하게 만드는 사탄의 의도는 무엇인가? 아담을 깨는 것이 목적이 아니었다. 아담 안에 불신이 있으면 아담 안에 하나님의 존재가 없어지는 것이다. 굉장히 역설적인 이야기다. 우리의 존재는 곧 하나님의 존재를 의미한다.

실상 같은 허상에 속지 말라

세상이 우리를 볼 때 하나님을 본다. 이해되는가? 자녀를 보면

그 부모가 보이는 것이다. 우리에게는 어느 집 아들, 어느 집 딸이라는 출신이 있다. 아담의 불신은 하나님의 존재를 거스르게 만든다. 그래야 사탄이 자기가 만든 세상에서 왕이 되기 때문이다. 사탄은 하나님이 만든 세상을 거스르고 자기가 만든 세상을 창조한다. 그래서 다 거꾸로 가는 것이다. 순리대로 쓸 것을 바꾸어 역리로 쓰고 육의 생각을 하게 한다. 다 반대다. 비슷한 것 같지만 반대다.

사탄은 불순종과 거짓의 아비다(요 8:44 참조). 그러니까 사탄이 만든 모든 것은 실상 같은 허상이다. 세상 사람이 보기에 우리가 바라보는 모든 것은 허상 같으나 실상이다. 우리는 눈에 보이는 썩어질 것들이 아니라 보이지 않는 것을 믿으며 사는 존재들이다. 그러나 더 높은 차원을 깨달을 때 그 또한 소중해진다. 하늘을 깨달을 때 땅도 소중해지는 것이다. 왜인가? 더 큰 차원으로 들어가기 때문이다.

그러나 사탄은 분리시킨다. 통합이 아니라 분리다. 형제들을 분리시키고 싸우게 한다. 가인과 아벨을 분리시킨다. 아담의 입장에서 볼 때 가인의 범죄 때문에 아담이 느낀 가장 큰 아픔은 무엇인가? 하나님이 가인의 예배를 받지 않으신 것인가? 아니다. 아담에게는 둘 다 똑같이 사랑하는 아들인데 둘이 싸우고 분리된 것이다. 사탄은 진리로부터 우리를 분리시킨다. 허상을 실상처럼 믿으며 살게 한다. 제자는 그것을 깨뜨리고 진리를 선포하는 자들이다. 이것이 래디컬한 것이다. 세상 풍조를 따라가지 않는 것이다. 거기에 자유가 있고 능력이 있다. 하나님나라의 돌파가 있고 기적이 있다.

인간이 바벨탑을 만들었다. 사탄도 바벨탑을 만든다. 사탄도 한 몸이다. 그러나 기형적인 한 몸이다. 거기에 어떤 자유가 있겠는가? 우리는 이 세상이라는 거대한 바벨탑 안에 있다. 그렇기 때문에 우리는 하나님나라 소속을 분명히 해야 한다. 제자들은 소속이 분명했다. 세상 가운데 있지만 그 세상에서 하나님나라에 거하고 있는가, 아니면 하나님나라의 경계선이 허물어져 있는가? 내가 바벨론 세상의 세계관으로 살아가는지, 아니면 성경에 기록된 하나님나라의 세계관으로 살아가는지를 묻는 것이다.

결국 하나님나라가 이기게 되어 있다. 하나님나라가 이 땅을 통치할 것이다. 왜냐하면 더 높은 차원이 낮은 차원을 지배하기 때문이다. 그래서 기적이 일어난다. 세상 사람들이 기적을 믿지 않아도 기적은 존재하고 나타난다. 보이지 않는 것들이 일어난다. 우리 눈으로, 인간의 지식으로는 해석할 수 없는 일들이 나타난다. 실상이고 본질이기 때문에 그렇다. 이것이 중요하다.

우리가 이 바벨론 세상에서 살아가려면 원래의 나, 오리지널리티(originality), 개성 있는 나로 살아갈 수 있을까? 그렇지 않다. 그 틀에 맞춰야 한다. 세상이 요구하는 스펙에 맞추고, 세상이 요구하는 성공의 기준에 맞춰야 내가 사는 것이다. 그에 따라 성과를 받고 대가를 치른다. 그리고 그것이 '나'인 줄 알고 살아간다. 세상은 높은 지위를 대단하게 여긴다. 우리가 꿈꾸는 스카이(SKY)는 무엇인가? 우리는 진정한 하늘을 꿈꿔야 한다.

나의 선택과 결정

무엇이 실상이고 무엇이 허상인가? 무엇이 진리이고 무엇이 거짓인가? 왜 우리 안에 하나님나라의 능력이 실상이 되지 못하는가? 이유는 간단하다. 오락가락하기 때문이다. 그러나 거듭났다는 것은 더 이상 오락가락하지 않는 것이다. 그런데 연약하니까 자꾸 왔다 갔다 한다. 양심이 있어서 그렇다. 우리는 무엇이 하나님의 법이고 세상의 법인지를 안다. 하나님의 영이 내 안에 있다는 것은 비록 내가 부족해도 하나님이 나를 선택하실 수 있도록 성령께서 지지하신다는 것이다. 하지만 고아들은 절대 그 지지를 받을 수 없다.

무엇보다 우리가 하나님의 자녀라는 사실을 기억해야 한다. 세상 사람들이 보기에 우리가 바벨의 규격에서 벗어나 자녀를 키우는 것 같고, 교회가 주류가 아닌 것 같아도 불안해하지 말라. 하나님이 우리와 함께하신다. 기적을 일으키실 것이다. 세상은 기적을 일으키지 못한다. 그러나 예수님이 우리에게 보여주신 것은 하나님나라의 실제였고, 기적이었다. 우리 주님은 인간이 할 수 없는 일들을 풀어내셨다. 하나님은 제자인 우리를 통해 바라고 믿는 것들이 진짜가 되게 하시려고 우리를 부르셨다. 그 사고가 실제다.

그렇지 않다면 우리는 이 세상에서 진리라고 여기는 것에 우리의 삶을 올인해야 한다. 그런데 정말 올인할 수 있는가? 이 세상은 돈이면 다 된다고 확신하는가? 그러면 목숨까지 걸어야 한다. 그것이 진리다. 바로 내가 믿는 바에 대한 확신이다. 그러나 돈이 중요한 것 같지만 전부는 아니다. 그것은 불확실하다. 세상에서는 돈이 중요하고 좋은 것 같아도 진리는 아니다. 돈으로도 해결할 수 없는 것이 있다. 그것이 뭔지 아는가? 혈통이다. 돈 많은 사람들끼리 모이면 그다음에는 혈통을 본다. 어떤 가문 출신인지, 부모가 누구인지 알아본다. 쉽게 말해 세상에서 말하는 1등급 품종을 찾는 것이다. 돈만 많으면 소용이 없다. 마지막은 명예 싸움이다.

그런데 그것이 다 거짓말이다. 우리 안에 진리가 있다. 나 자체가 중요한 것이다. 그런 것에 비교당하지 않는 '나', 바벨론 세상 안에 있으면서도 비교당하지 않는 '나'를 알 때 내 안에 있는 바벨탑이 깨지는 것이다. 그 세계관이 깨지는 것이다. 그렇게 자유함을 느낄 때 평강을 얻고 묶이지 않게 된다. 그때부터 내 자녀의 공부에도 자유하게 된다. 내 자녀가 영어를 잘하도록 세상처럼 똑같이 영어 과외를 시켜도 그것은 도와주는 것뿐이다. 나는 그것이 전부라고 가르치지는 않을 것이다. 영어를 만점 맞는 것이 인생의 전부라고 이야기하는 우리의 자세가 문제다. 내가 믿는 확신에 대한 자세가 중요한 것이다. 우리는 주님 앞에 서 있어야 한다. 깨어 있는 것이다. 그것이 제자의 모습이다. '내가 주님을 따르기로 한 결정이 맞구나.' 그 결정이 중요한 것이다.

오직 믿음의 생각과 사고를 하라

인간은 법칙 만들기를 좋아한다. 아인슈타인은 "신은 주사위를 던지지 않는다"라는 유명한 말을 남겼다. 이 세상의 모든 변화와 움직임에는 우연이 아닌 어떤 인과율이 작동한다는 것이다. 한마디로 신이 마음대로 하면 싫다는 것이다. 그래서 자꾸 법칙들을 만든다. 자유를 싫어한다. 법칙 안에 있어야 하기 때문이다. 그렇게 만든 법칙이 합리적 우주론이다. 양자학을 기초로 한 합리적 우주론 안에서 모든 것이 돌아가야 하는 것이다. 그런데 거기에 신이 주사위를 함부로 던지면 짜증이 나는 것이다. 그래서 인간은 계속해서 법칙들을 만들어낸다. 그리고 거기서 안정감을 누리려고 한다.

그러나 그렇지 않다. 하나님께서는 우리가 가는 길을 존중하시고, 우리의 생각을 존중하신다. 교회 안에서 남을 섬기고, 존중하는 일, 다른 사람과 함께 가고, 내 권위를 포기하는 것이 다 자유안에서 이루어진다. 누가 시켜서 하는 것은 고야나 하는 일이다. 무엇이 실상인가? 허상은 진리가 아닌 것을 진리로 여기게 하고, 결국 끝이 아무것도 아닌 것을 말한다. 반면 실상은 영원히 남을 것을 말한다. 그래서 끝으로 갈수록 분명해진다.

오직 의인은 믿음으로 말미암아 산다. 의인은 부족함이 없고 정죄함이 없다. 예수님이 오셔서 죄인을 의롭다고 하신다. 온전히 나 자신을 찾게 된다. 우리가 예수님 안에 거하고, 그분이 우리 안에 거하실 때 그 안에 풍성함이 있다. 그 안에 자유함이 있다. 우리의 모든 생각과 사고가 바뀌기 시작한다. 어디든 주님이 가시는 곳이 자유한 곳이다. 주님이 계신 곳에서 나도 자유하다. 세상이 금으로 줄 수 없고 돈으로도 살 수 없는 자유와 평강이 당신을 위해 주님 안에 준비되어 있다. 이 사실을 기억하기 바란다. 부하거나 가난한 것이 문제가 아니다. 주님 안에 있다는 것이 중요하다.

신명기 30장은 우리가 자유의지를 가지고 하는 선택이 얼마나 중요한지를 말해준다.

내가 오늘 하늘과 땅을 불러 너희에게 증거를 삼노라 내가 생명과 사망과 복과 저주를 네 앞에 두었은즉 너와 네 자손이 살기 위하여 생명을 택하고 신 30:19

놀라운 말씀이다. 하나님께서는 우리의 생각을 존중하신다. 우리에게는 생명과 사망, 복과 저주를 선택할 자유가 있다. 아는 것이 다가 아니다. 아는 것에 대한 확신이 있어야 한다. 그 확신은 내가 선택할 때 주어지는 것이다. 내가 선택하는 것이다. "나는 생명을 선택한다. 우리 기업은 생명을 선택하고 하나님나라의 가치를 선택한다. 우리 가정은 하나님을 선택한다. 그분이 복이시기 때문이다." 이것이 믿음이다. 그때 하나님이 약속하신 모든 복과 하나님의 말씀, 당신의 비전이 실제가 될 것이다.

당신이 바로 그 존재다. 주님은 당신을 통해서 이 세상을 바꾸기 원하신다. 이 세상에 나는 오직 나 하나뿐이다. 바벨론 세상에서 규격화된 '나'는 많다. 세상이 만든 미(美)의 기준은 다 다르고, 계속 바뀌어왔다. 그러나 진리는 절대 변하지 않는다. 그 진리가 당신 안에 있다. 당신의 생각이 중요하다. 용기를 가져라. 믿음에는 용기가 필요하다. 하나님나라를 따라가는 당신의 삶에 하나님나라의 능력이 실제로 나타날 것을 믿는다.

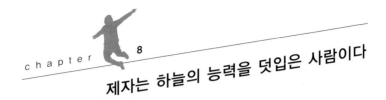

chapter 8

제자는 하늘의 능력을 덧입은 사람이다

●마가복음 16:17-18

예수님이 제자들을 세상에 보내셨듯이 우리가 제자로서 세상에 나갈 때 알아야 할 것이 있다. 세상은 어려운 곳이다. 주님도 우리를 그냥 보내시지 않는다. 주님은 우리에게 권능을 주신다. 권능과 권세는 능력이다. 살아갈 능력, 이길 수 있는 능력, 승리할 능력을 우리에게 주시고 우리를 세상에 보내신다는 것이다. 이것이 중요하다.

사람들이 기독교에 대해서 오해하는 것이 있다. 기독교는 종교가 아니라 생명이자 본질이다. 그런데 기독교를 종교로 알면 기독교를 깨달음으로 안다. 이성으로 지식으로 안다. 그러나 우리가 뭔가를 깨닫고 알았다면 그 깨달음과 앎이 무슨 의미인지 질문해봐야 한다. 이에 답하지 못하면 내가 뭔가를 깨닫고 안다는 것이 굉장히 허무해진다. 그 깨달음과 앎의 본질을 찾지 못하면 무의미하다는 것이다.

기독교는 단순히 내가 무지했던 어떤 영역을 깨닫고 알았다는 차원이 아니다. 깨달음의 종교는 많다. 불교도 있고 힌두교도 있다. 하지만 기독교는 깨닫고 끝나는 것이 아니라 능력이 있다. 우리에게 능력이 필요한 이유는 우리 삶에 문제가 많기 때문이다. 능력은 이 문제를 해결할 수 있는 힘이다. 세상을 살아가면서 마주하는 인생의 많은 문제를 해결하여 온전한 나를 회복하는 것이다. 여기서 말하는 '온전한 나'는 "하나님이 지으신 나"를 말한다. 하나님의 형상대로 지어진 나 자신을 회복할 때 참다운 행복을 찾을 수 있다.

하나님의 말씀은 하나님이다

기독교의 핵심은 말씀이다. 모든 것이 말씀 위에 있다. 우리는 하나님도 말씀에 근거해서 안다. 따라서 말씀이 무엇인지를 알아야 한다.

1. 말씀으로 살라

말씀이 육신이 되어 우리 가운데 거하시매 우리가 그의 영광을 보니 아버지의 독생자의 영광이요 은혜와 진리가 충만하더라 요 1:14

말씀은 그냥 성경책이 아니다. 성경은 말씀이 하나님이라고 전한다. 우리는 눈으로 말씀을 보지만 그 말씀을 하시는 말씀의 주체를 알기 때문에 말씀을 높인다. 그분은 바로 하나님이시다. 하나님의 말씀이 있기 때문에 우리가 하나님을 알 수 있는 것이다. 성경은 말씀이 육신이 되었다고 말한다. 그 말씀이 육신이 되어 우리 가운데 오셨고 우리와 함께 계셨다. 그러므로 말씀은 생명이다. 말씀은 머리로 이해하는 것이 아니라 우리의 삶이 되었다. 말씀이 삶이 된다는 것은 말씀이 곧 삶의 가치, 삶의 방향성, 삶의 의미, 내 삶의 모든 것이라는 뜻이다. 부분적으로 말씀을 취하는 것이 아니다. 말씀이 육신이 되었다는 것이 말씀의 속성이다. 말씀이 내 삶의 모든 것이다. 다시 말해 우리가 말씀 없이 살 수 없는 존재가 되었다는 뜻이다. 그렇기 때문에 말씀은 이해하는 것이 아니라 반드시 꼭 먹어야 한다.

그런데 사람들이 말씀을 읽지 않는다. 말씀을 하나님처럼 여기지 않는다. 말씀에 권위를 부여하지 않는다. 그 이유가 무엇인가? 우리 인생을 보라. 삶이 다 이해되기 때문에 사는가? 그렇지 않다. 다 이해되면 좋겠지만 그렇지 못해도 산다.

예수께서 대답하여 이르시되 기록되었으되 사람이 떡으로만 살 것이 아니요 하나님의 입으로부터 나오는 모든 말씀으로 살 것이라 하

였느니라 하시니 마 4:4

그런데 인간은 말씀으로 산다. 사람은 떡으로만 사는 존재가 아니라 말씀으로 사는 존재다. 예수님이 우리에게 하신 말씀이다. 이것이 그리스도인들이 가져야 할 관점이다. 어떤 깨달음이 아니다. 말씀은 그 자체다. 예수를 믿고 거듭나면 육에서 영적인 존재로 바뀌고 죄인에서 의인이 된다. 말씀이 곧 하나님이심을 알게 된다.

세상에 성경을 모르는 사람은 없다. 믿지 않는 사람도 성경을 안다. 죄인이던 우리가 예수를 믿음으로 아무 공로 없이 의인이 되었다. 세상은 여전히 성경을 책으로 바라본다. 그러나 예수의 영이 있는 우리는 하나님의 말씀을 '하나님'으로 바라본다. 이것이 세상과 확실히 구별되는 점이다. 우리 안에 하나님의 영이 있기 때문이다. 하나님의 말씀을 신뢰하고 의지하며 말씀을 믿기 시작할 때 우리 안에 변화가 일어나기 시작한다. 대표적인 사람이 백부장이다. 백부장은 중풍병에 걸린 자기 하인을 위해 예수님께 도움을 청하며 말했다.

다만 말씀으로만 하옵소서 그러면 내 하인이 낫겠사옵나이다 마 8:8

백부장은 예수님에게 말씀만 해달라고 한다. 그 말씀 자체를 듣겠다는 것이 아니라 예수님을 전적으로 신뢰한 것이다. 백부장은 예수님이 어떤 분인지 안다. 예수님이 권위자이고 능력이 있음을 안다. 자신도 백부장으로서 권위자이기 때문에 권위가 무엇인지 알고 있다. 그렇기 때문에 권위자이신 예수님에게 말씀해달라는 것이다. 이것이 진짜 앎이다. 깨달음이 아니라 믿는 것이다. 아는 것으로는 능력이 나타나지 않지만 믿으면 능력이 나타난다.

당신 삶에 능력이 나타나는 것을 믿는가? 교회 안에서 문제가 해결되고 기적이 일어나는 일이 누구에게 나타날까? 그것을 믿는 자에게 나타난다. 하나님의 말씀이 선포될 때 그것을 믿는 자에게 일어나는 것이다. 말씀으로 기도할 때 문제가 해결되고 기적이 일어나는 것을 경험한다. 당신의 삶 가운데 그 일들이 일어나기를 바란다. 우리의 삶과 가정의 문제들이 말씀으로 해결되는 일이 실제로 일어나야 하는 것이다.

2. 말씀은 적용이다

그렇기 때문에 말씀은 해석하는 것이 아니라 적용하는 것이다. "예"와 "아멘"으로 받아들이는 것이다. 누군가를 신뢰한다는 것은 그 사람의 말을 신뢰하는 것이다. 신뢰를 어떻게 증명할 수 있을까? 누가 어떤 말을 했을 때 그 말을 믿으면 신뢰하는 것이다.

그런데 그 말을 안 믿으면 신뢰하지 않는 것이다. 그래서 나도 자녀에게 약속을 하면 반드시 지키려고 하는 편이다. 그랬더니 아이들이 아빠를 약속 잘 지키는 사람으로 안다.

그런데 이따금 정신이 없어서 성도들과 나눈 이야기를 잊을 때가 있다. 예를 들어 내가 어떤 성도에게 예배 후에 잠깐 보자고 했는데 깜빡 잊을 때가 있다. 그런데 그런 일이 몇 번 반복되면 그 성도는 나를 신뢰하지 않게 된다. 자꾸 잊을까봐 걱정이다. 내가 그런 실수를 했다면 알려달라고 공개적으로 말하기도 하고, 목회 지원팀에게도 나에게 기억을 상기시켜달라고 당부한다. 그것이 약속이기 때문이다.

하나님께서 우리에게 말씀하셨다. 우리가 하나님을 신뢰하는 이유는 하나님이 그 말씀을 이루시고 지키시기 때문이다. 우리는 이것을 믿어야 한다. 그 말을 신뢰하는 것이다. 나는 하나님의 말씀이 내게 임할 때 하나님께서 지금까지 그 말씀을 200퍼센트 이상 이루어주셨다고 고백할 수 있다. 하나님은 말씀대로 이루어주신다. 우리는 말씀을 붙잡아야 한다. 이것이 말씀에 대한 우리의 태도다.

니고데모는 말씀을 잘 알고 성경을 가르치는 이스라엘의 선생이었다. 그럼에도 예수님에게 찾아와 어떻게 하면 당신과 같은 능력이 나타나는지를 물었다. 그러자 예수님이 그에게 거듭나야 한다고 말씀하셨다(요 3:7). 거듭나야 아는 것이다. 이해가 아니라 존재가 바뀌어야 하는 것이다. 이 사실을 믿기 바란다. 예수 믿고 구원받았다는 것은 우리 안에 예수의 영이 있다는 것이다. 거듭남은 다시 태어나는 것이 아니다. 인생이 후회된다고 해서 엄마 뱃속으로 다시 들어갈 수는 없다. 이처럼 구원의 사건은 한 번 있는 것이다. 내가 구원받았고 내 안에 예수의 영이 있다는 사실을 믿음으로 아는 것이다.

3. 말씀은 선포하는 것이다

선포의 말씀을 '케리그마'(kerygma)라고 한다. 말씀은 설명해주는 것이 아니다. 말씀 자체가 하나님이시기 때문이다. 말씀은 "들으라 이스라엘아"(시 81:13) 이렇게 선포하는 것이다. 신약의 케리그마는 예수 그리스도에게 나타난 하나님의 구원 행위, 즉 복음의 선포를 의미한다. 신약의 모든 책이 이 케리그마를 반영한다. 바울서신과 사도행전에 나타난 사도들의 초기 연설에서 이 케리그마를 찾아볼 수 있다. 그들은 하나님의 말씀을 전할 때 선포한다. 이제 우리도 하나님의 말씀을 선포해야 한다. 그것이 하나님의 사람들이 해야 할 역할이다.

창조의 때를 기억해보자. 선포가 왜 중요한가? 말씀은 왜 선포되는가? 창세기 1장 말씀이다.

땅이 혼돈하고 공허하며 흑암이 깊음 위에 있고 하나님의 영은 수면 위에 운행하시니라 하나님이 이르시되 빛이 있으라 하시니 빛이 있었고 창 1:2-3

땅이 혼돈하고 공허하며 흑암 가운데 있었다. 이 상태가 바로 육체의 상태다. 육의 상태는 사망이다. 하나님의 영이 없는 상태는 껍데기에 불과하다. 껍데기는 영원하지 않다. 껍데기의 끝은 혼돈과 공허와 흑암이다. 목장갑이든 명품 장갑이든 그 안에 손이 들어가지 않으면 그 장갑은 그저 껍데기에 불과하다. 우리도 똑같다. 하나님이 우리를 흙으로 지으시고 그 코에 생기를 불어넣으셔서 하나님의 영이 거하는 하나님의 전(殿)이 되게 하셨다. 하나님의 영이 우리 안에 계신다.

그런데 놀랍게도 하나님의 영이 물 위에 운행하셨다. 그러나 거기서 끝나지 않는다. 내 안에 흑암의 생각, 공허한 생각, 두려움의 생각, 사망의 생각이 들어올 수 있고, 내가 그 영향을 받을 수 있다. 그런데 그때 나에게 믿음이 있고, 하나님의 영이 내 안에 있다는 것에서 끝나면 안 된다. 태초에 땅이 혼돈과 공허와 흑암 가운데 있고 하나님의 영이 운행하고 있을 그때 하나님은 말씀으로 만물을 창조하셨다. "빛이 있으라"고 선포하니까 빛이 있었다. 이것이 케리그마다. 말씀의 본질이자 주체이신 그분의 입에서 나온 말이 선포되었을 때 그 일이 그대로 일어난 것이다. 선포는 초대교회의 특징이기도 했다. 그런데 오늘날의 설교는 이 케리그마를 잊은 것 같다. 자꾸 설명하려고 하고 이해시키려고만 한다. 오늘 우리의 입술에서 선포의 권세가 회복되기를 하나님이 원하신다.

권세와 능력

권위란 정렬을 뜻한다. 권위가 있는 곳에 질서가 있다. 창조는 질서다. 우주 만물은 제멋대로 움직이지 않고 창조주 하나님의 권위 아래 있다. 그분의 말씀대로 움직인다는 뜻이다. 모든 만물은 하나님의 권위 아래 조화를 이룬다. 그래서 권위란 창조주를 아는 것이다. 자녀가 아버지를 권위자로 아는 것은 당연하다. 누가 가르쳐서 아는 것이 아니다. 권위가 하나님께 있다는 것을 알면 창조주에 대한 의심이 사라진다. 자녀가 부모님을 권위자로 알듯이 하나님의 영으로 창조된 하나님의 자녀는 하나님을 권위자로 알게 된다.

내 아버지가 어떤 분인지 이해되어서 아는가? 그것은 존재론적인 것이다. 내 자녀에게 이해시켜서 내가 아버지라는 것을 알게 하는 것이 아니다. 그냥 아는 것이다. "저분이 내 아버지다!" 짐승도 태어나자마자 자기를 낳아준 부모를 따른다. 누가 가르쳐주지 않았는데 신기하다. 하나님께서 생명 안에 부으신 창조의 본능이 발휘되는 것이다.

이와 같이 하나님의 자녀에게 권위가 있다. 이 권위는 배워서 얻는 것이 아니다. 하나님이 만물의 권위자이시기 때문에, 그분이 말씀하시니까 된 것이다. 우리가 남들보다 더 노력하고 경건 생활을 더 많이 해서 자녀 된 권세를 얻는 것이 아니다. 그런 것은 다른 종교에 많다. 내 자녀가 나의 모든 권위를 물려받는 이유는 단지 태어났기 때문이다. 우리도 마찬가지다. 하나님의 권위가 우리 안에 있는 것은 오직 우리가 예수를 믿고 하나님의 자녀가 되었기 때문이다. 그 권위가 이미 우리 안에 있다는 사실을 알아야 한다. 그것을 알 때 선포할 수 있다. 우리 안에서 창조의 능력이 나타나기 시작한다.

그분이 바로 예수님이시다. 하나님 아버지의 권위를 그대로 갖고 계신 하나님의 아들 예수 그리스도. 아들이기 때문에 그에게 아버지의 권세가 있다. 아버지가 왕이면 그 아들도 왕의 권위가 있다. 그 권위가 풀릴 때가 있다. '아, 이것이 신앙생활이구나. 이것이 예수 믿는 즐거움이구나. 내 안에 하나님의 영이 있구나. 내 문제가 해결되기 시작하는구나. 가정의 문제가 해결되기 시작하는구나.' 이렇게 깨어나야 한다.

내 안에 계신 하나님, 예수의 영이 아들의 영으로 깨어나면 선포하게 된다. 하나님을 믿음으로 말미암아 합법적인 권세와 권위가 당신 안에 있다고 믿으면 "아멘!"이라고 외쳐라. 그것이 말씀이다. 나는 어떤 존재인가? 예수 믿고 구원받은 존재란 어떤 것인가? 종교적 인간, 철학적 인간으로 해석하라는 것이 아니다. 복음은 그 이상이다. 보이지 않는 하나님나라의 실제가 이 땅에 나타나는 것이다. 말씀이 믿음으로 어떻게 역사하는지 말씀의 속성을 알아야 한다.

1. 예수 이름 안에 있는 권세

예수 이름 안에 있는 권세와 능력이 우리에게 있다. 마가복음 16장의 말씀을 선포하기 바란다.

> 믿는 자들에게는 이런 표적이 따르리니 곧 그들이 내 이름으로 귀신을 쫓아내며 새 방언을 말하며 뱀을 집어올리며 무슨 독을 마실지라도 해를 받지 아니하며 병든 사람에게 손을 얹은즉 나으리라 하시더라 막 16:17-18

믿어지는가? 예수님이 우리에게 하신 말씀이다. 믿는 사람들, 곧 예수의 영이 있는 제자들에게 이런 표징들이 나타난다는 것이다. 분명한 일들이 일어난다. 이제 우리에게 이 표징들이 나타나야 한다. '믿는 자'에게 이런 일들이 나타난다. 우리에게 예수님의 능력이 있다. 그것이 성도이고, 능력 있는 제자의 모습이다. 그래서 예수님의 제자들이 가는 곳마다 문제가 해결되고 하나님나라가 확장되기 시작한다. 슬픈 자들이 없어지고, 우울증 환자들이 없어지기 시작한다. 묶인 자들이 자유해지고 갇힌 자들이 놓이게 된다. 가정의 문제가 해결되고, 사업의 문제가 해결되기 시작한다. 내가 말씀을 선포하고 믿기 시작할 때 이 일들이 나타나는 것을 봐야 한다. 하나님의 말씀은 철학이 아니다. 하나님의 영이 우리 안에 있기 때문에 그 능력이 나타나는 것이다. 진짜 제자는 하늘의 능력을 덧입은 자다.

깨달음을 주는 종교는 많다. 철학적인 깨달음을 주는 인문학 강의가 얼마나 많은가? 실제로 그것을 들으면 깨달아지는 것들이 있다. 그렇다고 그 깨달음이 능력인가? 능력은 내 삶에 일어나는 문제를 해결하는 것이다. 그래야 현실적으로 행복하다. 산 속에서 득도해봐야 바뀌는 것은 하나도 없다. 그 깨달음이 자신을 더 어렵게 한다. 지식과 현실의 괴리감에 시달린다.

지식인들의 이중성을 꼬집는 영화들이 많다. 지식인들이 앞에서는 고귀한 삶을 이야기하면서 뒤에서 추악한 짓을 일삼는 것을 통렬하게 비판한다. 그런 지식이 대체 무슨 소용인가? 진짜를 붙들어야 된다. 우리의 앎이 지식에 그치는 것이 아니라 능력이 되고 믿음이 되기를 주님의 이름으로 축복한다.

> 내가 진실로 진실로 너희에게 이르노니 나를 믿는 자는 내가 하는 일을 그도 할 것이요 또한 그보다 큰일도 하리니 이는 내가 아버지께로 감이라 너희가 내 이름으로 무엇을 구하든지 내가 행하리니 이는 아버지로 하여금 아들로 말미암아 영광을 받으시게 하려 함이라

요 14:12-13

이 말씀의 핵심은 뒷부분이다. "너희가 내 이름으로 구하면 그대로 이루어질 것이고, 나보다 더 큰 능력을 행할 것이다." 그런데 이 같은 실제적인 일이 아버지께 영광이 된다고 한다. 왜 그런가? 하나님의 아들 예수 그리스도가 이 땅에 오셨지만, 사람들은 그분을 믿지 않았다. 능력을 행해도 믿지 않았다. 하나님의 아들이라고 하니까 몹시 괴로워했다. 실제를 보여도 안 믿었다. 인간이 할 수 없는 초자연적인 하늘의 능력을 보고도 그들은 믿지 않았다. 그런데 그것은 안 믿은 것이 아니라 일부러 인정하지 않은 것이다. 인정하기 싫은 그들의 죄성 때문이다. 예수님이 오셔서 우리 안에 있는 그 죄성을 깨셨다. 이것을 믿기 바란다. 그리고 예수님의 이름으로 구하는 것이 다 시행되고 주님보다 더 큰 능력이 성도들 안에 나타날 때 예수님이 영광을 받으실 것이다.

중동에서 많은 기적이 일어났다. 요르단에서 사역하는 A 목사님은 평생 중동에서 복음을 전하며 사신 분이다. 말기 암 환자로 몇 년 전에 만났을 때 그 분에게 죽음의 냄새가 났다. 얼굴이 누렇게 뜬 상태로 집회에 참석하셨다. 그런데 그 집회 가운데 성령의 능력이 강력하게 임했다. 그 후 목사님이 2개월 만에 병원에 가서 검사를 했는데, 암이 다 없어졌다고 했다. 그렇게 암을 이기고 나서 지금 엄청난 사역을 하고 계신다. 이 일이 현지에서 큰 화제가 되었고 하나님이 영광을 받으셨다. 믿는 자에게는 이런 일들이 일어난다. 당신의 삶에도 이 일들이 나타날 것이다.

2. 엑수시아, 두나미스

예수님의 '권세'는 헬라어로 '엑수시아', 예수님에게 나타난 '능력'은 '두나미스'라고 한다. 이 권세와 능력의 상관관계를 잘 알아야 한다. 말씀에는 권세가 있고, 성령에는 능력이 있다. 두나미스는 다이너마이트, 파워 같은 실제적인 능력을 말한다. 귀신이 떠나가고 병자가 치유되는 능력이다. 오순절 마가의 다락방에 임했던 그 능력이 회개의 능력으로 나타났다. 그런데 이 대단한 능력(두나미스)이 어디에서 이루어질까? 권세(엑수시아)를 가진 사람에게 일어난다. 권위와 권세를 가진 사람에 의해 성령의 능력이 움직이는 것이다. 그 권세는 예수님, 아들의 영이다.

나는 방위였지만 군부대 사역을 많이 했다. 탱크의 능력은 웬만한 차를 다 부순다. 탱크를 당할 차는 없다. 그 자체가 힘이다. 그런데 사단장이 손가락 하나만 까딱하고 움직여도 탱크가 달려온다. 이것이 엑수시아다. 이해되는가? 덤프트럭이 얼마나 힘이 좋은가? 그 덤프트럭이 막 달리다가도 교통경찰이 호루라기를 불면 설까 안 설까? 선다. 이것이 엑수시아다. 성령의 능력은 하나님의 말씀의 권위가 있는 엑수시아를 가진 자에게 나타난다. 이것은 분리되는 것이 아니다. 예수님에게 능력이 나타난 것은 그분에게 하나님의 아들의 권위인 엑수시아가 있었기 때문이다. 예수님이 말씀을 선포하실 때 두나미스와 같은 성령의 능력이 나타났다는 것이다. 이 일들이 당신의 삶 가운데 일어나기를 바란다.

자녀에게 신앙을 가르친다는 것은 종교생활을 가르치는 것이 아니라 하나님의 자녀임을 알게 하는 것이다. 그 안에 하나님의 권위가 있음을 알게 하는 것이다. "공부 좀 못한다고 기죽지 마. 넌 하나님의 자녀야. 네 안에 하나님의 권위가 있단다." 그때 그 자녀의 삶에 기적이 나타난다. 그래서 우리가 하나님을 찾는 것이 아닐까. 우리 안에 있는 문제들을 해결하기 위해서 말이다. 성령의 능력은 말씀의 권위가 선포되는 곳에 나타난다.

3. 사도행전 19장 사건

사도행전 19장에는 하나님께서 바울의 손을 통해 기적을 행하신다. 심지어 바울의 몸에 있던 손수건이나 두르고 있는 앞치마를 가져다가 병자에게 얹으면 병이 치유되고 귀신이 떠나갔다. 그래서 이것을 지켜보던 유대인 마술사들이 바울이 전파하는 예수를 힘입어 명령한다고 하면서 악귀 들린 사람에게 명령한다. 제사장 스게와의 일곱 아들도 이런 일을 하였는데 그때 어떤 일이 일어났는가?

악귀가 대답하여 이르되 내가 예수도 알고 바울도 알거니와 너희는 누구냐 하며 악귀 들린 사람이 그들에게 뛰어올라 눌러 이기니 그들이 상하여 벗은 몸으로 그 집에서 도망하는지라 행 19:15-16

귀신 말이 나는 예수도 알고 바울도 알지만 당신들이 누구인지 도대체 모른다는 것이다. 유대인 마술사들과 제사장 스게와의 아들들은 바울이 전파하는 예수를 의지해서 명했다. 그러나 나의 예수가 아니라 바울이 전파하는 예수를 힘입어 명하는 것은 소용이 없다. 목사가 전하는 예수가 아니라 내가 전하는 예수여야 한다. 유명한 사람이 전하는 예수가 아니다. 이것이 교회가 회개해야 할 문제다. 목사를 신격화된 존재로 만드는 일을 이제 끝내야 한다. 하나님은 우리를 그렇게 만들지 않으셨다. 우리 모두에게 능력이 있기를 원하신다. 이것이 고(故) 옥한흠 목사님의 꿈이었다. 바로 능력 있는 제자들과 평신도들이 일어나는 것이다. 당신이 그렇게 되기를 바란다.

이 사건에서 귀신들이 어떻게 예수님의 이름만 도용한 마술사들을 이겼는가? 이유는 간단하다. 그들에게 말씀의 권위가 없기 때문이다. 우리가 예수님을 영접할 때 예수님의 이름 안에 있는 권세와 권위가 주어졌다는 사실을 알아야 한다. 사도행전 19장의 이 사건은 엑수시아와 두나미스를 설명할 수 있는 매우 실제적인 사건이다. 당신의 삶에 복음의 능력이 나타나야 한다. 거리에서도 나타나야 하고, 일터에도 나타나야 한다. 당신이 기도할 때마다 그 일들이 이루어져야 한다. 다른 누가 전하는 예수가 아니라 내가 예수를 믿어야 한다. 이것이 중요하다. 그러면 이것이 왜 중요한가?

영접하는 자 곧 그 이름을 믿는 자들에게는 하나님의 자녀가 되는 권세를 주셨으니 요 1:12

하나님이 그 권세(엑수시아)를 우리에게 주셨다. 주님을 영접할 때 우리에게 그 권세가 임한 것이다. 내가 그 말씀을 믿었다는 것은 하나님 안에 있는 말씀의 권세가 오늘 내 안에 있음을 아는 것이고, 그것을 믿는 것이다. 그리고 그때 말씀을 선포하기 시작한다. 권세 있게 선포해야 한다.

4. 권세와 권위를 소중히 여기라

에서의 문제는 팥죽 한 그릇에 장자권을 판 것이 아니다. 에서가 왜 야곱보다 큰 저주 아래 있게 되었는가? 하나님이 주신 권세를 소중히 여기지 않았기 때문이다. 장자권을 소중히 여기지 않은 죄가 장자권을 판 죄보다 더 큰 것이다. 에서는 육의 배고픔만을 채우려는 육의 사람이었고, 야곱은 육의 배고픔보다는 보이지 않지만 분명한 영적인 권세를 갈망하는 영의 사람이었다. 에서와 야곱의 이야기는 육과 영이 무엇을 갈망하는지를 보여주는 중요한 예다. 오늘 당신에게 하나님의 권세가 있음을 믿기 바란다. 우리 안에 있는 에서의 묶임이 떠나가기를 바란다. 하나님은 우리가 그 일들을 행하기 원하신다.

부모라면 내 자녀에게 선포해야 하는데, "저 안 될 놈!" 그러면 그 말대로 안 될 것이다. 말에 권세가 있기 때문이다. 눈에 보이지 않지만 우리가 한 말이 이 세계에 돌아다닌다. 그것이 근거가 되어 내가 하나님의 말씀을 선포하려고 할 때 사탄이 내가 한 말을 그대로 녹취하여 이야기한다. "네가 안 된다고 했잖아. 그런데 왜 지금은 된대? 네 자녀에게 안 된다고 말했잖아. 네 자녀는 가망이 없다고 했잖아. 그런데 왜 지금 와서는 된다고 해?" 사탄이 이렇게 녹취록을 내밀 때 그 거짓을 깨야 한다.

오늘부터 말을 바꾸어야 한다. 선포한 대로 되는 것이다. 그것이 믿음의 법칙이다. 알고 바라봐야 한다. 그것이 비전(vision)이다. 그냥 사는 것이 아니다. 한번은 청년들을 대상으로 한 집회에서 꿈을 가지라고 설교했다. 우리에게 믿음이 없는 이유는 꿈이 없기 때문이다. 바라는 것이 없기 때문에 믿음이 없는 것이다. 자기가 무엇을 믿는지 모른다. 믿음의 정의는 바라는 것들의 실상이라고 했다.

하나님의 꿈을 꿔라

우리에게 꿈이 있을 때 믿음이 생기기 시작한다. 하나님의 꿈을 꿔야 한다는 뜻이다. "내 가정에 이런 꿈이 있고, 내 직장에 이런 꿈이 있고, 내 안에 이런 하나님의 꿈이 있다." 그 꿈을 꿔야 한다. 하나님께서 우리 교회에 온 열방을 제자 삼는 꿈을 주셨다. 그렇기 때문에 그 말씀을 믿고 선포할 때 능력이 나타나는 것이다. 하나님이 당신에게 복을 주실 것이다. 하나님의 능력을 부어 주실 것이다. 이에 "아멘!"으로 화답하고 믿음으로 바라보면서 그 꿈을 구체적으로 그려야 한다.

내가 한동대를 나오기도 했지만, 몇 년 전부터 주님이 나를 계속 포항 땅에 보내셨다. 한번은 미자립 교회 열 몇 교회가 모인 연합집회에 초청되어 갔는데 모인 인원이 100명도 채 되지 않았다. 마음이 너무 아팠다. 그래도 힘닿는 만큼 포항 땅을 도와야겠다는 마음이 들었다. 매년 초청해주셔서 가지만 적은 인원의 성도들이 모여 있었다. 힘들었다. 이 먼 곳까지 와서 시간을 쓰고 사례비도 쓰고 때로는 찬조금까지 내며 왜 포항 땅에 계속 와야 되나 하는 마음이 들었다. 그런데 주님이 딱 한 말씀을 주셨다.

해 뜨는 곳에서부터 해 지는 곳까지의 이방 민족 중에서 내 이름이 크게 될 것이라 말 1:11

포항은 해돋이로 유명한 지역이다. 그런데 해 뜨는 곳에서부터 해 지는 곳까지 이방 민족 중에서 찬송을 받을 것이라고 하셨다. 하나님이 내 안에 이 말씀을 주셨다. 여기서 이 부흥이 일어나면 좋겠다. 캠퍼스와 지역 교회가 만나 함께 예배하면 좋겠다는 마음을 주시고 그런 그림을 그리게 하신다. 몇 년 전부터 이렇게 선포해왔다. 몇 년 만에 포항 노회 연합회 수련회를 섬기러 갔는데 놀라운 일이 일어났다. 한동대가 동성애 문제로 어려운 상황 가운데 학생들이 기도하기 시작했고, 학생회 임원들과 함께 한동대

총학생회장이 그 집회에 찾아온 것이다. 포항에서 가장 큰 교회의 청년부 담당 사역자도 그 집회에 참석했다.

나는 그 자리에서 포항 땅을 향한 말라기 1장 11절 말씀을 선포했다. 캠퍼스와 지역 교회가 하나 되어야 한다고도 선포했다. 그리고 그들이 나와서 기도할 때 성령의 능력이 임했다. 하나님이 주시는 말씀을 받고 그렸던 그대로 이루어주신 것이다. 수년이 지난 지금, 이 꿈은 현실이 되었다. 2022년 올해 가을, 포항뿐만 아니라 대구, 경주 노회까지 하나가 되어 한동대와 연합집회를 가진다. 그곳에서 말씀을 전해달라는 초청을 받았다. 정말 하나님은 놀라운 분이시다. 우리의 꿈과 비전을 신실하게 이루어가는 분이시다.

내 안에 예수의 능력이 있다!

하나님께서 우리에게 지금 역사하기를 원하신다. 당신을 통해 일하기를 원하신다. 비전이 있어야 한다. 비전을 바라보고 장차 이루어질 것에 대한 그림을 그려야 한다. 말씀을 받았기 때문에 엑수시아를 가지고 그 말씀을 선포할 때 능력이 나타나기 시작하는 것이다. 이것이 믿음의 원리다. 그 일들이 우리 가운데 이루어지기를 바란다.

주님은 우리에게 선포하라고 말씀하셨다. 귀신 들린 사람에게서 귀신을 쫓아낼 때 어떻게 해야 할까? "귀신이여, 나가주십시오"라고 하겠는가? 아니다. "나사렛 예수 그리스도의 이름으로 명하노니 귀신은 떠나갈지어다!"라고 선포하라는 것이다. 선포의 능력을 찾아야 한다. 그 선포를 내가 듣는다. 내가 들을 때 믿음이 생기기 시작한다. 믿음은 말씀을 들음에서 생긴다. 그래서 말씀을 듣고 들은 말씀을 선포해보라는 것이다.

당신의 가정에 묶임이 있는가? "나사렛 예수의 이름으로 명하노니 그 묶임이 풀릴지어다!" 베드로가 성전 미문에 있는 앉은뱅이를 향해 "나사렛 예수 그리스도의 이름으로 일어나 걸으라" 하고 선포했다. "걸어주십시오"라고 하지 않았다. 예수님은 어떻게 하셨는가? "귀신아, 떠나가라"라고 외치셨다. 선포해야 하는 것이다. 우리의 입에 권세가 있다. 우리가 말할 때 그 일들이 일어난다. 공기가 바뀌는 일들이 일어난다. 당신 안에 두려움이 있는가? 어려움이 있는가? 말로 선포해보라.

"예수의 이름으로 명하노니 두려움은 떠나가라!"

진실로 너희에게 이르노니 무엇이든지 너희가 땅에서 매면 하늘에서도 매일 것이요 무엇이든지 땅에서 풀면 하늘에서도 풀리리라

마 18:18

이 땅의 모든 문제를 해결하는 방법은 우리 안에 있다. 교회에 있다. 이 하늘의 능력을 가지고 선포해보라. "내 안에 예수의 능력이 있다!" 말로 선포해보자. 어려울 때 열 번만 말로 선포해보라. 실제적으로 내 생각과 감정이 어떻게 바뀌는지 해보라는 것이다. 그 일들이 일어나기를 바란다. 집에 들어가기 전에 집을 향해 열 번만 선포해보라. "내 가정이 하나님의 복을 받는 가정이 될지어다." 3개월만 그렇게 선포해보라. 당신의 능력을 통해 어떤 변화가 나타나는지 직접 확인해보라.

PART 3

제자, 사명의 사람
Missional

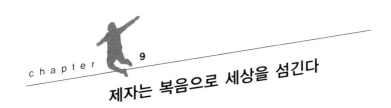

chapter 9

제자는 복음으로 세상을 섬긴다

●요한복음 3:16

우리는 세상을 어떤 자세로 살아가고, 세상 문화를 어떤 관점에서 바라봐야 할까? 진리 위에 선 제자들, 진리를 가진 사람들은 진리를 어떻게 적용할까? 내가 진리 위에 서 있다는 것은 어떤 의미일까? 이것이 매우 중요한 질문이라고 생각한다.

진리에는 능력이 있다. 그런데 우리 삶에 능력이 나타나지 않는 이유는 우리가 그 진리 안에 있지 않기 때문이다. 계속해서 내가 강조하는 것은 깨달음이 곧 능력은 아니라는 것이다. 내가 뭔가를 안다고 해서 그것이 능력이 되는 것은 아니다. 진리가 내 안에 체화되고 경험되어야 하는 것이다. 신앙은 경험이다. 그런데 우리는 직접 경험해보지도 않고 쉽게 단정 지을 때가 너무 많다. 미리 확신해버리고 섣부르게 말한다.

요즘 사람들이 이리저리 양극단으로 쏠리는 이유가 무엇인가? 정제되지 않은 이야기들이 쏟아지고, 검증되지 않은 가짜 문화(fake culture)가 엄청나게 유입되고 있기 때문이다. 인터넷과 SNS의 확산으로 더 그렇게 될 것이다. 교회에도 이미 침투되어 있다. 그래서 교회가 무엇을 해야 하고, 어디로 가야 하는지, 어떤 본질 위에 서야 하는지 극도의 혼란이 있다. 도대체 교회가 정치 집단인지, 철학 집단인지, 아니면 자선 단체인지 구분이 안 된다는 것이다.

우리는 성경이 말하는 진리 위에 서야 한다. 그런데 섣불리 단정 짓고 자기가 아는 것으로 판단해버리는 것이 문제다. 성경은 우리에게 분별하라고 했지 판단하라고 하지 않았다. 우리의 그 판단 뒤에 교만이 숨어 있다. 그것은 신앙이 아니라 종교다. 바리새인처럼 "나는 맞고 너는 틀리다"는 식이다. 그렇게 신앙이 종교가 되면 세상에서 이분법적으로 살게 된다. 이것이 세상도 힘들게 하고 우리도 힘들게 한다.

세상 속의 그리스도인

그렇다면 세상 속 그리스도인은 세상 문화를 어떤 식으로 바라보아야 하는가? 이 문제로 고민할 때 리디머교회의 팀 켈러 목사님을 주목하게 되었다. 그가 세상 문화가 가장 집약된 영향력 있는 도시인 뉴욕에서 사역하기 때문이다. 이분이 어떤 영성으로 어떻게 목회하기에 그 도시가 변혁되고, 그곳 사람들을 깨어나게 하고 일으키는지 궁금했다. 이 세상 문화를 바라보는 여러 신학자들의 입장이 있는데, 그중에 경계하고 주의해야 하는 두 사조가 있다.

1. 자유주의적 입장

첫째, 자유주의적 입장이다. 문화 수용자의 태도로 한 발 물러선 입장이다. 세상을 무엇 때문에 바꾸느냐고 이야기하는 사람들이다. 교회는 세상을 고치는 곳이 아니라면서 세상을 관망하며 바라본다. 교회 안에서도 이 같은 태도가 있을 수 있다.

2. 극단주의적 입장

둘째, 극단주의적 입장이다. 극단주의적 태도는 다른 말로 하면 승리주의적 관점이다. 이것도 경계해야 한다. 극단주의적 입장의 뿌리가 승리주의적 관점인데, 여기서 말하는 승리는 인간의 야망과 욕망에 근거한 승리를 말하며 그 안에 있는 오만함을 말하는 것이다. 이슬람 세계를 피로 정복했던 십자군이 대표적 승리주의적 신앙이다.

그런데 이 극단주의적, 승리주의적 태도에도 다시 두 가지 관점이 있다. 그중 하나가 자유주의다. 해방신학, 일종의 막시즘과 같다. 보수주의 입장도 있다. 기독교가 권력을 획득해서 이 사회를 기독교적 관점에서 보기에 바람직한 방향으로 바꿔야 한다는 주장이다. 그런데 이 입장 역시 승리주의적 태도, 즉 문화를 변혁하자는 주장이라고 할 수 있다.

3. 복음주의적 입장

그런데 나는 자유주의적 입장이나 극단주의적 입장이라는 양 입장이 아닌 복음이 말하는 제3의 길이 있다는 데 동의한다. 복음이 낼 수 있는 '새로운 길'이 있다는 것이다! 이것이 중요하다. 제3의 새로운 길, 복음주의적 입장을 좀 더 구체적으로 논의한다면, 먼저 복음과 반대되는 율법주의적 태도가 있을 것이다. 율법주의적 태도란 우리의 힘이나 노력으로 뭔가 바꿀 수 있고 어딘가에 도달할 수 있다고 보는 입장이다. 율법주의적 태도에는 승리주의적 관점이 들어 있다. 또 다른 하나는 방종주의적 태도인데, 이것은 변화가 중요한 것이 아니라고 본다. 이대로도 좋다는 것이다.

그러나 복음은 우리의 힘이 아니라 주님의 죽으심으로, 우리의 공로가 아니라 오직 은혜로 구원을 받았다는 것이다. 복음주의적 태도는 우리가 믿음으로 말미암아 구원을 받았다는 것이 핵심이다. 종교개혁자 마르틴 루터는 말했다. "우리는 믿음으로 은혜로 구원을 받았다. 그러나 참 믿음은 그 자리에 머물러 있는 것이 아니라 변화를 가져오는 삶이다." 또한 신학자 미로슬라브 볼프(Miroslav Volf)는 이렇게 이야기했다. "복음은 문화의 변혁이나 문화로부터 물러서 있는 것이 아니라 문화에 참여하는 것이다." 문화를 적대시하거나 지배하는 것이 아니라 참여하는 것이 우리가 견지해야 할 태도라는 점에 나는 동의한다.

교회는 세상 속에 있다

그런데 우리가 문화를 이해하고 있어야 하는데, 이분법적으로 극단적으로 문화를 바라보기 때문에 세상과 잘 섞이지 못한다. 세상에서 어떻게 살아가야 할지 모르고 헷갈려 하는 것이다. 그런데 먼저 교회는 세상 속에 있다는 것을 생각해야 한다. 세상 속에서 교회의 역할이 있다는 것이다. 결국 태도의 문제이다. 세상 문화 앞에 교회와 제자는 어떤 태도로 서 있을까에 대한 이야기이다.

> 너희는 세상의 소금이니 소금이 만일 그 맛을 잃으면 무엇으로 짜게 하리요 후에는 아무 쓸데없어 다만 밖에 버려져 사람에게 밟힐 뿐이니라 마 5:13

주님은 교회와 성도의 정체성이 세상에 있다고 말씀하신다. 우리가 세상의 소금이요 세상의 빛이라는 것이다. 우리가 어디 먼 산 속에 있는 것이 아니다. 교회는 세상 한가운데 있다. 그런데 세상을 이분법적으로 단정짓고 세상을 악마라고 여기는 자세를 취해야 하느냐는 것이다. 주님은 우리가 세상의 소금이고 세상의 빛이라고 말씀하셨다. 소금은 소금의 기능이 있다. 그 말은 세상 속에서 우리의 역할이 있다는 뜻이다.

첫째, 맛이다. 소금이 들어가야 음식에 맛이 난다. 재료의 역할을 충실히 해내도록 그 맛을 내는 것이 소금이다. 음식의 간을 맞춘다. 간이 되어 있지 않은 음식이 맛이 있겠는가? 그렇다면 세상에서 맛을 내야 한다는 것은 우리가 어떤 역할을 해야 한다는 의미일까? 그것은 바로 '탁월함'이다. 하나님나라의 교회와 그리스도인은 이 세상 속에서 제대로 된 맛을 내야 한다.

우리는 세상 속에서 '가치의 맛'을 내는 사람들이다. 탁월함을 발휘해서 그 가치가 살아나게 해야 한다. 유대인들이 왜 돈을 많이 벌까? 유대인들의 돈에 대한 교육은 유별나다. 그들은 돈에 대한 가치를 일찍부터 가르친다. 무엇보다 돈이 많아야 돈이 많은 만큼 선행을 할 수 있다고 가르친다. 그렇기 때문에 선행을 많이 하기 위해서 부자가 되어야 한다. 그들은 돈에 대한 이분법적 사고가 없다. 적극적으로 취하고 선한 일을 한다. 그래야 천국에 가기 때문이다. 그런데 우리는 세상에 있으면서 세상에 대한 이분법적 생각으로 갈등하기 때문에 세상에서 어려워한다. 그러나 우리는 오히려 그 안으로 들어가서 그 가치들을 해석해내고 세상 속에 맛을 내줘야 한다.

둘째, 유지한다. 소금은 식품이 부패하는 것을 막는다. 이와 같이 세상이 부패하지 않도록 막아야 하는 교회의 역할이 있다. 세상이 부패하지 않게 하려면 얼마나 많은 노력이 필요할까? 오늘날 세상이 썩은 이유가 무엇인가? 성경적으로 보면 간단하다. 세상이 썩도록 교회가 내버려두었기 때문이다. 교회가 소금의 맛과 기능을 잃어버렸기 때문이다. 다시 말해 변질되었기 때문이다. 그러므로 교회가 깨어나야 한다. 그렇기 때문에 주님이 우리를 세상 속으로 보내신 것이다. 세상에 참여하라고! 우리가 그 마음으로 돌아가야 한다. 세상을 적대시하라는 것이 아니라 그 속으로 들어가 맛을 내고 세상이 부패하지 않도록 하라는 것이다.

세상을 악하다고 단정짓는 한 변혁은 없다

내가 사역하는 기쁨이있는교회는 '미셔널 처치'(missional church, 선교적 교회) 개념이 있는 교회다. 세상에 대해 굉장히 적극적이다. 하나님께서는 세상을 어떻게 바라보셨는가? "하나님이 세상을 이처럼 사랑하사"(요 3:16). 이것이 핵심이다. 하나님이 세상을 사랑하셨다. 초림주로 오신 예수님은 세상을 심판하러 오신 것이 아니라 세상을 구원하러 오셨다. 우리는 아직 은혜의 때에 있다. 재림주로 오시는 주님은 심판주로 오시지만, 그분이 오실 때까지 우리는 그분의 은혜로 살아갈 수 있는 것이다. 명심하라. 아직까지 이 은혜의 시대 속에서 세상을 바라보는 예수님의 관점은 "하나님이 세상을 이처럼 사랑하사"(요 3:16)라는 것이다.

그런데 우리는 속단해서 단정 짓는다. 이것은 좋은 것이고, 저것은 악한 것이라고 한다. 분별의 차원을 넘어서 단정 짓는 일들이 너무 많다. 그러니까 교회에서도 다툼이 있다. 사랑이 아닌 비본질적인 것을 가지고 싸운다. 우리는 지금 어떤 시대에 있는가? 복음이 열어준 이 시대에 우리는 깨어 있어야 한다. 우리가 은혜의 시대에 있다는 것을 믿기 바란다.

교회에는 어떤 사람이나 올 수 있다. 교회는 사람에 대한 차별이 없어야 한다. 어떤 죄악에 빠져 있는 사람이라도 교회에 올 수 있어야 한다. 어떤 죄인이라도 주님에게 다 나아갔던 것처럼 말이다. 교회의 문턱을 낮춰야 한다. 바리새인들이 세운 종교의 문턱은 너무 높았다. 아무도 못 간다. 그러나 주님은 세상의 고통 안으로 들어가고 참여하셨다. 그 당시 병든 자, 묶여 있는 자, 죄인, 세리, 창기들과 함께하셨다. 그 안으로 들어가서 그들을 한없는 은혜로 구원하고 치유하셨다.

그런데 우리 안에는 여전히 많은 장벽들이 있다. 우리의 힘으로 세상을 정복하고 그 위에 하나님나라를 건설해야 한다는 승리주의적 관점의 기독교가 중세 십자군 전쟁이라는 기형적인 기독교의 행태를 낳기도 했다. 믿지 않는다면 죽음뿐이었다. 그것은 마치 지금의 IS(Islamic State, 이슬람국가)와도 같은 극단적인 형태다. 성령을 받은 제자들이 이방인들에게 복음을 전해야 하는데, 그들은 유대 문화적 선입견에 사로잡혀 있었다. 그래서 주님은 그들 안에 있는 문화적 우월주의들을 벗겨내신다. 사도행전 10장에서 베드로에게 보자기 환상을 보여주신 것이다.

"베드로야, 일어나서 잡아먹어라."(행 10:13, 새번역)

하지만 유대인 베드로가 볼 때 그것은 먹으면 안 되는 것들이다. 그러니까 주님이 먹으라고 하는데도 거절한다. 하나님이 먹으라고 하시는데도 베드로는 절대로 그럴 수 없다고 대답한다. 베드로가 간이 크다. 주님 앞에서 절대 그럴 수 없다니! 지금 그는 주님 앞에서 절대성을 가지고 논하고 있다. 교만한 것이다. 문화적 우월주의다. 기독교 안에 이 우월주의가 있다. "너희는 다 그런 놈들이야. 세상이 다 그렇지." 이것은 교회가 종교로 빠져 그렇게 바라보는 것이다.

"주님, 절대로 그럴 수 없습니다. 나는 속되고 부정한 것은 한 번도 먹은 일이 없습니다."(행 10:14, 새번역)

진짜 그런 것을 먹은 적이 없을까? 내 친구 중에 메시아닉 주

(Messianic Jew)라고, 예수님을 믿는 유대인 친구가 있었다. 그런데 그에게 아직도 예전 습성이 남아 있었다. 내가 순대를 한 번 먹어보라고 권했더니 내게 이렇게 말했다.

"먹을 수는 있는데, '순대' is sin. 피로 만든 거잖아. 순대 is sin."

"어, 그래?"

내가 그를 놀리고 싶어서 선짓국을 사줄까 했더니 장난이지만 그는 나를 때리려고 했다. 그들이 자유하기는 해도 아직까지 그 안에 관습이 남아 있었다. 그러니 그 당시 베드로는 오죽했을까. 그들 안에 엄청난 유대적 관습이 있었다. 그런데 하나님께서 그런 그들 안에 있는 문화에 대한 선입견을 깨셨다는 것 자체가 굉장히 중요한 것이다.

"하나님께서 깨끗하게 하신 것을 속되다고 하지 말아라."(행 10:15, 새번역)

주님이 깨끗하다고 하시면 깨끗한 것이다. 우리 안에 그 마음이 있기를 바란다. 문화에 대한 적극적인 해석이 있어야 한다. 우리 눈에는 검게 보일 수 있지만 복음은 그 검은 것을 아름답게 보는 것이다. 그래서 이 세상을 '속되다', '악하다'라고 생각하는 사람은 절대 세상을 변혁시킬 수 없다. 그 안에 사랑이 없기 때문이다.

일반은총과 특별은총

기독교 신앙의 핵심은 사랑이다. 교회 못 가게 핍박하는 남편을 가리켜 그 안에 마귀가 있다고 말하는 아내가 있는가? 그런 사람은 절대 그 남편을 변화시킬 수 없다. 우리는 율법적인 선함의 기준으로 구원받지 않았다. 주님의 일방적인 사랑으로 구원받았다. 이 사실을 명심해야 한다. 그렇기 때문에 우리는 좀 더 포괄적이고 광범위한 하나님나라의 복음을 생각해야 한다. 일반은총과 특별은총으로 생각하면 우리는 특별은총으로 구원받은 것이다. 그러나 모든 만물에는 주님의 은총이 깃들어 있다. 자연에도 주님의 은총이 있다. 온 우주 만물에 하나님의 손길이 닿지 않는 곳은 없다. 하나님의 통치가 없는 곳은 없다. 우리는 이 생각을 견지해야 한다.

예를 들어, 우리가 주님께 빵을 달라고 구할 수 있다. 주님이 하늘에서 빵을 뚝 떨어뜨려주실 수도 있다. 그러나 주님이 우리에게 빵을 주실 때 이 세상의 모든 것을 사용하신다. 농부가 밀 농사를 지어 수확한 밀로 가루를 내어 제빵사가 빵을 구울 수 있는 기술과 노력까지 주님은 모두 사용하신다. 그래서 우리가 빵을 먹을 수도 있고 그 빵으로 사람을 구제할 수도 있는 것이다. 단편적인 것이 아니다. 특별은총으로 하늘에서 뚝 떨어질 수도 있지만, 이 땅에는 하나님의 일반은총의 관점도 있음을 견지해야 한다. 그럴 때 우리가 세상을 달리 볼 수 있다.

한번은 공황장애와 우울증을 앓고 있는 자매가 나를 찾아왔다. "목사님, 제가 멀리 가야 하는데 걱정이 됩니다. 그렇지만 한번 이겨볼까 합니다." 그 자매가 비행기를 타야 하는데 비행기 안에서 공황이 올까봐 걱정했다. 그래서 내가 이야기했다.

"걱정하지 마라. 일단은 네가 그것을 이겨내려고 하는 마음이 있다는 것이 굉장히 중요하다. 그런데 약도 꼭 준비해가라."

약을 먹는 것은 절대 이상한 것이 아니다. 약을 먹으면 믿음이 없는 걸까? 이런 이분법적 세계관이 문제다. 하나님은 의사를 사용하시고, 약도 사용하신다. 하나님은 특별은총으로 그 자매를 고치실 수 있지만, 일반은총의 개념에서도 그 자매를 자유롭게 하실 수 있다. 중요한 것은 그 자매에게 병을 이겨낼 의지가 있다는 것이다. 주님 앞에서 그 문제를 놓고 기도한다. 한 번도 그런 적이 없었는데, 그 마음이 생겼다는 것이 중요하다. 나도 몸이 좋지 않을 때 약을 먹는다. 약은 악한 것이 아니다. 그러나 우리의 삶 가운데는 분명히 특별은총도 있다는 사실을 명심하라.

복음 안에 있는 존중의 태도로 세상을 보라

우리는 세상을 복음 안에 있는 존중의 태도로 보아야 한다. 팀 켈러 목사는 빌레몬서 1장 15절에 대해 기막힌 표현을 했다.

아마 그가 잠시 떠나게 된 것은 너로 하여금 그를 영원히 두게 함이리니 몬 1:15

빌레몬서는 바울이 빌레몬에게 보낸 편지다. 빌레몬은 그 당시 바울의 동역자였다. 바울은 편지에서 빌레몬에게 그의 도망친 노예 오네시모를 용서하고 받아들이라고 말한다. 그 시대에는 노예제도가 있었다. 노예는 주인의 소유물이었으며 주인이 노예를 죽여도 뭐라고 하는 사람이 없었다. 그런데 오네시모는 주인의 돈을 훔쳐 달아난 노예이니 죽일 수도 있었다. 도망 다니던 오네시모가 바울을 만나 예수님을 영접하고 신실하고 사랑받는 형제가 되었다. 그 당시 노예제도는 기독교적 가치로 악한 것이다. 우리는 다 주님 안에서 존중받는 하나님의 형상이기 때문이다.

그러나 이때 바울이 한 행동을 보라. 바울은 오네시모의 주인이었던 빌레몬에게 편지하면서 빌레몬을 존중한다.

다만 네 승낙이 없이는 내가 아무것도 하기를 원하지 아니하노니 이는 너의 선한 일이 억지같이 되지 아니하고 자의로 되게 하려 함이라 몬 1:14

바울은 그 당시 노예제도 자체를 깨지 않는다. 빌레몬의 의견과 그 시대의 제도를 존중한다는 것이다. 우리는 이 세상 속에서 복음의 능력으로 살아가야 하고, 이 땅의 법과 제도를 존중해야 한다. 그 당시 바울의 해석과 행동이 어떤 영향력을 낳았을까?

복음으로 문화를 해석하라

바울은 노예 오네시모의 가치를 다시 해석해준다.

"이 후로는 종과 같이 대하지 아니하고…"(몬 1:16).

오네시모는 더 이상 종이 아니다. 빌레몬이 노예제도 안에 있고 노예제도를 통해 오네시모라는 노예를 가졌다는 것은 존중하지만, 이제는 복음 안에서 생각해야 한다.

이 후로는 종과 같이 대하지 아니하고 종 이상으로 곧 사랑받는 형제로 둘 자라 내게 특별히 그러하거든 하물며 육신과 주 안에서 상관된 네게랴 그러므로 네가 나를 동역자로 알진대 그를 영접하기를 내게 하듯 하고 몬 1:16-17

바울은 복음 안에서 그 문화를 다시 해석해준다. 그때 영향력이 있는 것이다. 그 문화 자체를 배격하기만 하면 우리는 세상을 만날 수 없다. 돈을 벌려고 하는 사람이 돈은 악한 것이라고 단정 짓고, 음악을 하는 사람이 음악은 마귀가 하는 거라는 마음을 가지면 우리는 세상 문화로 들어갈 수가 없다. 우리가 세상 속 제도를 존중하면서도 복음 안에서 그 가치를 다시 해석해주는 일들이 일어나야 한다.

이분법적 사고로 섣부른 단정을 하면 안 된다. 주님이 우리 안에 오셨다. 우리의 육을 입고 오신 것이다. 주님의 관점에서 볼 때 이 육은 썩어 없어질 것이다. 그러나 주님이 죄악 된 우리 안으로 들어오셨다는 사실이다. 우리 안에 들어오셔서 우리를 존중하셨다. 우리의 발을 씻으셨다. 우리에게 은혜를 베풀어주셨다. 이것이 복음이다. 우리도 세상에 그 마음으로 들어가야 한다. 세상을 배격하고 변화시키겠다는 마음이 아니라 오히려 복음을 가지고 세상을 섬기고, 세상 가운데 진짜 가치를 보여주고, 진짜 메시지를 들려주는 일들이 있기를 바란다.

그렇기 때문에 그 당시 노예제도 안에 있었지만 바울이 오네시모의 가치를 재해석해서 빌레몬에게 편지한 것처럼 우리 안에 그 성숙함이 있어야 하는 것이다. 그 깊이가 있어야 한다. 이것이 바로 성숙함이다. "종 이상으로 곧 사랑받는 형제로 둘 자라"(몬 1:16). 그것이 복음 안에 있는 존중, 가치, 실제적인 진리다. 섣부르게 판단하지 않기를 바란다. 그것은 교만이다. 복음이 말하는 가치가 아니다. 극단주의로 가면 안 된다. 주님이 내신 주님의 길, 우리가 걸어가야 할 생명의 길이 있다. 우리는 이 양극단

가운데 서서 새로운 길을 내야 하는 사람들이다. 새로운 가치의 길, 복음이 말하는 길을 내는 사람들이다. 그것이 우리가 세상에서 할 일이다. 세상 속에서 소금의 맛을 내고 탁월함을 보여주어야 한다. 그 일들이 우리 가운데 있기를 바란다.

주님이 우리를 극단적으로 바라보셨는가? 그러셨다면 우리가 은혜의 구원을 받지 못했을 것이다. 우리 안에 중요한 것은 복음 안에 있는 어마어마한 높이와 깊이를 알고 마음으로 다가가는 것이다. 그럴 때 세상 속에서 진짜 변화를 일으킬 수 있다. 세상 속에 나도 힘들고 세상도 힘든 것이 아니다. 주님이 적극적으로 그 안에 들어와 참여하셔서 세상을 섬기고 사랑하시고 세상을 보듬어 안은 것처럼 우리도 그렇게 할 수 있다.

우리가 만들어가야 할 길

한번은 기도하는데 주님이 홍대에 가라는 마음을 주셨다. 금요일 밤 홍대 인근은 그야말로 온통 세상 문화 천지였다. 그것을 볼 때 내 안에 얼마나 그들을 비판하고 판단하는 마음이 있었는지 모른다. '이 젊은이들, 진짜 나쁜 놈들이네!' 내 안에 그런 마음이 얼마나 많았는지 모른다. 나는 그 자리에서 조용히 대적하는 기도를 했다. 그런 다음 어느 오후에 홍대 앞에서 약속이 있었다. 홍대 정문 앞에 서 있는데, 주님이 갑자기 이런 마음을 주셨다.

"너, 두 손 들고 기도해라."

"주님, 제가 잘못 들은 거죠?"

나는 순간 너무 놀라서 이렇게 되물었다. 대낮에 거리에 사람이 이렇게 많은 데서, 그것도 통성으로 기도하라니 이것이 말이 되는가! 나는 계속해서 되물었지만 들리는 음성은 "두 손 들고 기도하라!"는 것이었다.

"주님, 저는 못합니다."

"너, 지난밤에도 그렇게 기도했잖아. 낮에도 두 손 들고 기도해. 세상을 향해."

마음이 많이 어려웠다. 그런데 피하면 피할수록 그 음성이 계속 커졌다. 그래서 할 수 없이 두 손을 들고 기도했다. '에라 모르겠다' 하는 심정으로 냅다 두 손을 들고 "주여" 한 번을 외쳤다. 그러자 갑자기 눈물이 터져 나왔다. 그 순간 주님의 음성이 들려왔기 때문이다. "주여" 딱 한 번 부르고 나서 그 자리에 주저앉아 엉엉 울었다.

"네가 소돔과 고모라라고 말한 이 땅을 나는 사랑한다."

나는 철퍼덕 주저앉았다.

"내가 이 땅을 사랑한다. 너는 소돔과 고모라라고 말할지 모르지만 난 이 땅을 사랑한다."

그것이 바로 요한복음 3장 16절의 은혜였다.

하나님이 세상을 이처럼 사랑하사 독생자를 주셨으니 이는 그를 믿는 자마다 멸망하지 않고 영생을 얻게 하려 하심이라 요 3:16

우리가 그 은혜의 시대 안에 있다. 그 은혜로만 이 세상이 변할 수 있다. 우리가 내야 할 길이 있다. 극단주의적 길이 아니다. 우리가 내야 할 은혜의 길이 있음을 알아야 한다. 우리 교회에 청량리파 부두목이 왔을 때 그 지역 심방을 요청해서 사역자들과 함께 간 적이 있었다. 그곳은 사창가 주변이었다. 그가 "목사님, 여기서 기도하시죠!"라고 해서 다 같이 두 손을 잡고 통성기도를 했다. 그곳은 없어져야 할 악한 곳이 아닌가? 그런데 그때 주님이 주셨던 음성이 "내가 이 땅을 사랑한다"라는 요한복음 3장 16절 말씀이었다. 그곳에도 변화받을 영혼이 있고, 우리가 은혜의 길을 만들어줄 때 그들이 주님의 사랑으로 변화된다는 것이다.

우리가 만들어가야 할 길, 우리가 내야 할 세상 속 은혜의 길이 있다. 우리는 그 길을 내야 한다. 그것이 세상 속에 있는 그리스도인의 역할이다.

chapter 10

제자는 견고한 진을 무너뜨린다

●에베소서 6:12

"누가 하나님의 제자인가?" 이것은 정체성에 대한 질문이자 본질적인 질문이다. 가장 중요한 질문은 "나는 어떤 존재인가?" 하는 것이다. 내가 어떤 존재인지 알려면 어떻게 해야 할까? "나는 누구인가?" 이것이 막연한 질문 같지만 그렇지 않다. 그 사람이 어떤 생각을 하고 있는지가 그 사람이 누구인지를 알려준다. 보이는 껍데기가 아니다. '내가 어떤 생각을 하고 있느냐?'가 오늘 나의 실존과 인생관과 가치관을 말해준다.

그런 관점에서 볼 때 기독교 세계관, 즉 하나님이 주신 뜻을 가지고 제자의 마음으로 이 땅을 살아가기란 쉽지 않다. 이 믿음의 여정을 한마디로 '싸움'이라고 표현하고 싶다. 사실 전쟁이다.

진짜 싸움

이 싸움은 어떤 싸움인가? 우리가 싸우는 싸움이 어떤 싸움인지에 대해서 사도 바울이 아주 간단하고 명확하게 정의했다.

우리의 씨름은 혈과 육을 상대하는 것이 아니요 통치자들과 권세들과 이 어둠의 세상 주관자들과 하늘에 있는 악의 영들을 상대함이라

엡 6:12

아주 중요한 말씀이다. 성도가 싸우는 싸움의 실제를 보여준다. 우리가 지금 무엇과 싸우고 있는지 말하고 있다. 놀라운 것은 우리의 싸움이 보이는 사람과의 싸움이 아니라는 것이다. 이것을 깨닫는 눈이 열리기를 바란다. 우리는 보통 보이는 것과 씨름하는데 성경은 보이지 않는 악한 영이 있다고 말한다. 하늘의 공중권세를 잡은 악한 영, 그 악과 싸우는 것이다.

악한 영을 우리의 눈으로 볼 수 있을까? 그것을 본다면 신통한 능력이 있는 사람이다. 대부분의 사람은 자연의 섭리 가운데 있고, 보이지 않는 세계를 보는 것은 사실 불가능하다. 그런데 성경은 악한 영이 존재하고, 그 영의 정체성이 악하다고 말한다. 우리가 악한 영을 볼 수는 없지만 악이 무엇인지는 안다. 악(惡)이 존재하고 반대로 선(善)도 존재한다. 악한 영은 볼 수 없지만 악한

영의 실제인 악이 존재한다는 것이다. 우리가 접하는 많은 뉴스 중에 좋은 뉴스도 있지만 나쁜 뉴스들이 많다. '인간이 어떻게 저럴 수 있을까?', '어떻게 저렇게 악한 일이 있을 수 있을까?' 싶은 뉴스를 접할 때가 많다. 무엇보다 악이 존재한다는 사실이 중요하다.

인간이 선악과를 먹고 나서 어떤 일이 일어났는가? 선악을 구별하는 능력이 생겼다. 사실 이것이 비극이다. 하나님이 먹지 말라고 한 것을 먹자 인간이 선악을 구분하기 시작했다. 어떻게 구분할까? 에덴동산에는 눈에 보이지 않았지만 악한 영이 있었다. 하나님이 인간에게 선악과를 먹지 말라고 하신 이유는 악한 영의 존재 때문이었다. 아담이 알았는지 모르지만 그가 하나님과 한 약속을 깨뜨린 순간 악한 영이 아담과 하와의 생각 속으로 들어갔다. 그리고 그 생각이 하나님을 대적하는 실제적인 행동을 일으켰다.

우리의 싸움이 무엇인지 구체적으로 살펴보자. 바울은 에베소 교회에 편지하면서 악한 영이 있고, 이 악한 영이 움직일 수 있는 통치자들과 권세자들과 이 어두운 세계의 지배자들이 있다고 말했다. 보이지 않는 이 악한 영이 이 구조를 통해서 우리 가운데 들어온다는 것이다.

1. 통치: 영향력을 줄 수 있는 힘

첫째, '통치'는 영향력을 줄 수 있는 힘이다. 이 영향력은 굉장히 중요하다. 사람은 다른 사람에게 영향을 주기도 하고 받기도한다. 내가 무엇에 영향을 받느냐에 따라 나의 세계관과 가치관이 형성되는 것이다. 돈에는 영향력이 있어서 돈이 있으면 영향력을 끼칠 수 있다. 권력도 마찬가지다. 권력을 가지면 영향력을 끼칠 수 있다. 그것을 "통치한다"라고 말한다. 그래서 사람들이통치를 하기 위해서 영향력을 끼칠 수 있는 것들을 붙잡는다. 그것을 향해 나아가는 것이다. 그런데 사탄이 그것을 알고 있다. 보이지 않는 악한 영이 알고 있기 때문에 통치의 구조를 만든다.

2. 지배: 영향력을 받는 상태

둘째, '지배'는 영향력을 받고 있는 상태다. 무언가에 지배당하고 있다는 것이다. 돈의 영향력 아래 있는 사람은 돈에 지배를 당하고 있는 것이고, 권력의 영향력 아래 있는 사람은 권력의 지배를 당하고 있는 것이다. 약물의 영향력 아래 있는 사람은 약물의지배를 당하고 있는 것이다. 지배를 당한다는 것은 자유함이 없는 상태, 즉 묶여 있는 상태를 말한다. 바울은 이렇게 지배하는지배자들이 있다고 밝힌다.

3. 권세: 지배가 장기화될 수 있는 상태

셋째, '권세'는 지배의 힘이 장기화될 수 있는 구조를 갖춘 상태다. 무언가 형성된 것이다. 통치와 권력이 지속될 수 있도록 구조가 갖춰진 상태다. 세도를 이루었다고 한다. 하늘에 있는 악한 영은 보이지 않지만 성경은 구체적으로 이 악이 어떻게 구조화되었는지를 보여준다. 그리고 이런 구조는 사람들에게 영향을 끼친다.

성령의 권능이 임해야 하는 이유

하나님께서 마지막 때에 사용하시는 모델이 된 사도행전의 제자들은 혈과 육의 싸움을 싸운 것이 아니라 악한 영이 만들어낸 구조와 싸운 자들이다. 그 틈을 벌리고 무너뜨린 자들이다. 그리고 그들이 하나님나라를 선포했다. 하나님나라는 오고 있으며, 이미 우리 가운데 임했다. 하나님나라는 '통치'(dominion)라는 것이다. 하나님의 권세가 다스리는 하나님나라가 오고 있다. 사도행전의 주제는 하나님나라이고, 제자들을 통해 선포된 것 또한 하나님나라다. 하나님나라에 들어가면 우리 가운데 변화가 일어난다.

예수님이 제자들을 영적인 군사로 부르신 이유가 여기에 있다.

오직 성령이 너희에게 임하시면 너희가 권능을 받고 예루살렘과 온 유대와 사마리아와 땅 끝까지 이르러 내 증인이 되리라 하시니라

행 1:8

"나의 제자인 너희가 나가야 한다. 성령이 너희에게 임할 것이고, 너희가 권능을 받을 것이다. 성령이 너희에게 임하시면 너희가 권능을 받게 되어 있다." 성령은 권능으로 우리에게 임하신다. 왜 권능으로 임하실까? 바로 보이지 않는 악한 영이 있기 때문이다. 사도행전 2장에 어떤 일이 일어났는가? 제자들이 구할 때 성령을 받는다. 그리고 3장에서는 베드로를 통해서 놀라운 하나님 나라의 역사가 일어난다.

베드로가 이르되 은과 금은 내게 없거니와 내게 있는 이것을 네게 주노니 나사렛 예수 그리스도의 이름으로 일어나 걸으라 행 3:6

에베소서 6장은 우리가 싸워야 할 싸움의 총론을 이야기한다. 싸움의 큰 구조를 볼 수 있다. 그렇다면 구체적으로 우리 안에 어떤 싸움으로 일어날까? 이 싸움이 오늘 우리의 삶에서 어떻게 일어나느냐는 것이다.

견고한 진과 문화

우리의 싸우는 무기는 육신에 속한 것이 아니요 오직 어떤 견고한 진
도 무너뜨리는 하나님의 능력이라 모든 이론을 무너뜨리며 하나님
아는 것을 대적하여 높아진 것을 다 무너뜨리고 모든 생각을 사로잡
아 그리스도에게 복종하게 하니 고후 10:4-5

우리에게 일어나는 싸움은 우리의 생각 안에서 일어난다고 말
한다. 통치자, 권세자, 지배자의 구조를 아는 것이 중요한 이유
는 우리의 생각에 영향을 주기 때문이다. 그 통치자들의 말과 결
정을 통해서 이 땅의 모든 것들이 형성되기 때문이다. 그것이 우
리의 생각에 영향을 준다. 왜 이 생각이 중요할까? 믿음은 바라는
것들의 실상이다. 주님께서 우리에게 우리의 생각을 넘어서는 믿
음을 도전하신다.

원래 자연적인 것과 초자연적인 것은 하나였는데, 죄로 인해
분리된 것이다. 본래 하나님과 우리는 하나였지만 죄로 인해 분
리되었다. 예수님이 오셔서 십자가로 그것을 해결하셨다.

뜻이 하늘에서 이루어진 것같이 땅에서도 이루어지이다 마 6:10

우리의 생각은 원래 하나님의 생각과 같다는 것이 우리의 권세였다. 우리의 생각은 원래 복 있는 생각, 생명의 생각, 창조의 생각이었다. 에덴동산에는 하나님나라의 실재가 임하고 하나님의 다스림이 있었다. 그런데 악한 사탄이 어디에 침투했는가? 하와의 생각에 침투해서 하나님의 말씀을 의심하게 했다. 생각에서부터 왜곡이 일어나기 시작했다. 한 번도 그런 적이 없었는데 처음으로 하나님의 말씀에 대해서 의심이 생겼다. '정말 그런 걸까?' 이것을 '미혹'이라고 한다. 사탄 스스로 어떻게 할 수는 없었지만, 땅의 권세를 가진 우리를 장악하기 위해서 사탄은 인간의 생각에 침투했다. 마찬가지로 내가 어떤 사람을 장악했다는 것은 그 사람의 생각을 붙잡았다는 것이다.

바울은 고린도후서 10장에서 우리의 싸움이 생각 안에서 일어난다고 말한다. 그러므로 하나님의 사람이 예수를 믿고 변화되었다는 것은 구체적으로 생각이 변했다는 것이다. 육의 생각이 아닌 영의 생각을 해야 하는 것이다. 육의 생각은 사망이지만 영의 생각은 생명과 평안이다. 모든 것이 우리의 생각에서 출발한다. 이렇듯 중요한 생각을 지배하는 악한 구조가 있다는 것이다.

1. 견고한 진

믿는 우리 안에도 악한 영향력의 사탄이 침투해서 만들어놓은 구조가 있다. 바울은 그것을 "견고한 진"(고후 10:4)이라고 부른다. 우리 안에 견고한 진(陣)이 형성되어 있다는 것이다. 이념의 진, 하나님을 대적하는 무신론의 진이다. 세상을 보면 교육, 정치, 경제, 문화 할 것 없이 모든 영역에서 하나님을 대적하는 진들이 형성되고 있다. 그 안에 교회가 있고, 우리가 있다. 그 속에서 제자들이 살아가고 있는 것이다. 그러니까 우리의 생각 안에서 엄청난 전쟁이 일어나고 있는 것이다. 이것은 보이는 싸움이 아니다.

예수님의 제자가 된다는 것은 내 생각을 내려놓는 것이다.

그들이 곧 그물을 버려두고 예수를 따르니라 마 4:20

거기서부터 시작되는 것이다. 로마서 12장 2절은 "너희는 이 세대를 본받지 말고"라고 가르친다. 그리고 "오직 마음을 새롭게 함으로 변화를 받으라"고 한다. 이 부분을 NIV 영어성경으로 보면 이렇다. "but be transformed"(변화를 받으라), "by the renewing"(새롭게), "of your mind"(생각의). 우리에게 생각의 변화가 일어나야 한다.

2. 영적 기류

사람은 영향을 받는다. 내가 오늘 어떤 영향을 받는지는 내가 어떤 생각을 하느냐가 굉장히 중요하다. 부정적인 영향을 받는 사람들은 생각 속에서 부정적인 기류를 만들어낸다. 그 사람 옆에 가면 보이지 않지만 부정적인 '기운'(atmosphere)이 있다. 생각은 흐름이다. 생각은 멈춰 있지 않고 머릿속에서 계속 흐른다. 그래서 내 생각 안에 어떤 기류가 있는지가 굉장히 중요하다. 악한 영은 영향력 있는 사람을 통해 이 흐름을 지속적으로 만들어낸다. 영향력 있는 사람이 중요한 이유다. 그들의 영향력이 어떤 흐름을 만들어내기 때문이다.

세계적으로 유명한 케이팝(K-Pop) 가수가 맛집 하나를 자신의 SNS에 올리면 어떤 일이 일어날까? 전 세계 팬들이 그 집을 찾아온다. 그런 흐름을 만든다. 그 흐름을 만드는 것이 능력이다. 우리는 영향력을 따라가는 것이 아니라 영향력을 만들어내는 존재다. 요즘 다 어렵다고 하지만 어떻게 보면 모든 것이 기회라고 할 수도 있다. 유튜브를 봐도 흐름을 만들어내는 사람들이 있다. 전체적인 구조에서 나와 자신만의 흐름을 만들어내는 것이다.

얼마 전에 한 사업가를 만났는데 새로운 기독교 미디어 플랫폼을 만들고 있었다. 우리는 세상에서 만들어내는 미디어의 구조 속에 있어서 그 영향 아래 자유롭지 못하다. 한국에도 기독교인이 그렇게 많은데, 성도들이 자유롭게 의견을 나눌 기독교 플랫폼 하나가 없다는 것이다. 젊은 친구가 교단 사람들을 만나 여러 곳과 MOU를 맺고 콘텐츠를 모으고 있다. 바람직한 현상이라고 본다. 한 사람이 그 일들을 해내고 흐름을 만들고 있다.

미국에 있는 어느 교회에서 하나님나라에 대해 구체적으로 소개하는 콘퍼런스를 열었다. 나도 참석했는데 꽤나 인상적이었다. 하나님나라가 분리된 것이 아니라 우리의 영혼육에 임해야 한다는 것이었다. 결국 우리의 영과 생각뿐만 아니라 우리의 육에도 임해야 한다는 것이다. 하나님나라에는 질병이 없고 그 안에 거하면 건강하다는 하나님나라의 콘셉트를 이해하고 깨달은 요리사가 나와서 세미나를 진행했다. 이런 것은 우리 몸에 좋은 음식이고, 이런 음식은 먹으면 안 된다고 설명해주었다. 육이 있어야 우리가 기도할 수 있고, 어떤 반찬이 우리의 생각을 건강하게 한다고도 알려주었다. 영과 육을 분리해서 보지 않았다. 나는 이 세미나를 보고 깜짝 놀랐다. 성도들에게 진짜 필요한 내용이라고 생각했다.

안 좋은 콘텐츠들을 계속 보면 영향을 받는다. 내 안에 기류가 형성된다. 갑자기 침울해진다든지 어려워진다. 항상 부정적인 이야기를 하는 친구 옆에 가보라. 어떤 기류가 형성될까? 눈에 보이지 않지만 부정적인 기류가 형성되어 있다. 말하는 것마다 음란한 얘기를 하는 친구 옆에 가보라. 눈에 보이지 않아도 그 기류가 형성되어 있다. 생각 속에 있는 것들이 말로 나와서 그렇다. 생각하는 것들이 입 밖으로 나올 때 그 기류가 형성된다.

그런데 중요한 것은 이 기류가 형성되고 시간이 지나면 견고한 진이 된다는 것이다. 이것을 차단하지 않으면 어떻게 될까? 만약에 부정적인 생각이 들어오는데 이 기류를 나의 삶과 생각 가운데 계속해서 투과하면 나중에 어떻게 될까? 보이지 않지만 내 안에 견고한 진이 되어버린다. 이때는 어려워진다. 따라서 그런 생각이 드는 순간 예수님의 이름으로 차단해야 한다. 그 생각을 차단하는 것이다. 이것이 하나님의 사람들이 해야 할 일이다. 그 기류들을 바꿔야 한다. 이 흐름을 그대로 두면 견고한 진이 되기 때문이다.

이 흐름이 얼마나 중요한가? 가나안 땅을 정탐했던 열두 정탐꾼을 떠올려보자. 열 명의 정탐꾼들이 그 땅의 거주민과 성읍을 보고 두려움을 느낀다. 그들의 생각이 두려움과 부정적인 것에 사로잡힌다. 그리고 그들이 악평하는 말로 부정적인 기류를 만든다. 그 기류가 이스라엘 백성 전체에게 퍼졌고, 그들이 부르짖으며 이런 원망을 하기에 이른다.

"우리가 애굽이나 이 광야에서 죽었으면 좋았을 것을. 왜 우리를 이 땅으로 끌고 와서 죽게 하느냐!"

백성들은 하나님의 약속과 그 유업들을 저버리기 시작한다. 힘을 형성하고 대적하면서 그것을 말로 내뱉는다. 영향을 받은 것이다.

견고한 진에는 두 종류가 있다. 하나님나라의 진과 사탄나라의 진이다. 하나님나라의 진이 형성된 사람들은 선한 영향력을 끼치고, 그들에게서 하나님나라의 능력이 나타날 것이다. 그러나 사탄의 진이 만들어진 사람들이 있다. 그들은 깨지지 않는다. NIV 영어성경으로 보면 바울은 이 견고한 진을 부수고 무너뜨리라고 한다. 우리 생각 안에 있는 견고한 진을 방치하지 말고 무너뜨려야 한다는 것이다.

오직 어떤 견고한 진도 무너뜨리는(to demolish) 하나님의 능력이라⋯ 고후 10:4

하나님의 능력이 우리 생각 안에 있는 견고한 진을 무너뜨려야 한다. 그래야 우리가 하나님의 비전을 잃어버리지 않을 수 있다.

⋯ 모든 이론을 무너뜨리며 하나님 아는 것을 대적하여 높아진 것을 다 무너뜨리고 모든 생각을 사로잡아 그리스도에게 복종하게 하니

고후 10:4-5

이 일들이 일어나야 한다는 것이다.

우리의 생각 안에 있는 견고한 진

이제 우리의 생각 안에 있는 견고한 진에 대해서 살펴보자. 하나님의 비전을 저버리는 우리 안의 견고한 진은 이세벨 문화이다. 지금 세대의 문화도 이세벨 문화와 똑같다. 그렇다면 이세벨의 문화는 과연 무엇인가?

1. 속이는 문화

그냥 속이는 것이 아니라 간교하게 속인다. 즉 꾀어내어서 속이는 것인데 잘 가던 길에서 벗어나게 하여 방황하게 만드는 것이다. 지금 진리를 가리고 속이는 문화들이 급속도로 우리 가운데 들어오고 있다. 그래서 정신을 차려서 깨어 있어야 한다.

나빌 쿠뤠시(Nabeel Qureshi)라는 분이 있다. 이분은 이슬람 신자였는데 그리스도인으로 개종했으며 무신론자들의 생각 안에 있는 견고한 생각의 진을 많은 영역에서 무너뜨린 사람이다. 이분의 강연 중에 성경 중심의 문화에 대한 강의가 있다. 성경 중심의 문화는 당연하고 절대적이지만 예수님 없이 성경을 단순히 경전처럼 보아서는 안 된다는 것이다. 예수님 없이 성경을 보면 인본주의, 이성, 역사의 관점으로 성경을 보게 되고 성경을 분해하게 되고 결국 믿음을 잃어버리게 된다. 모든 성경이 예수님을 증거하고 있는데 그 예수님을 빼버리면 시대가 이렇게 간교하게 무너지는 것이다.

예수님을 믿으면서 진리를 거역하는 사상, 인물, 철학을 받아들이는 이유가 바로 성경을 경전에 하나, 그저 읽고 싶은 책, 공부하고 싶은 책으로 보기 때문이다. 예수님을 중심으로 성경을 보지 않으면 예수님이 없는 삶을 살아갈 뿐이다. 마지막 때에 분별의 기준은 '예수님'이시다.

2. 순리를 역리로 쓰는 문화

로마서에 보면 사람들이 순리를 역리로 바꾸어버리는, 하나님의 창조 질서를 근본적으로 뒤흔드는 경우가 나온다. 다윈의 진화론을 믿는 상황이 발생한 것처럼 말이다. 왜냐하면 그들의 마음 가운데 하나님을 두기 싫어하기 때문이다. 지금 세계는 차별금지법의 흐름으로 가고 있다. 아직 시간이 있을 때 우리는 다음 세대를 위해서 준비해야 한다. 그렇지 않으면 순식간에 그 흐름에 휩쓸려버린다.

미국은 지금 동성애를 훨씬 뛰어넘어 이제 젠더(gender) 이슈로 들어갔다. 그 선봉에 선 자가 주디스 버틀러(Judith Butler) 교수이다. 그 교수가 이렇게 말했다. "여자는 태어나는 것이 아니라 만들어지는 것이다." 주디스 버틀러의 이론은 수행성 이론으로 사람이 익숙하게 수행한 것에 따라 오늘 '나'의 성 정체성이 결정된다는 것이다.

무서운 이론이다. 그래서 "여자는 태어나는 것이 아니라 만들어지는 것입니다"라고 강의한다. 무서운 것은 2021년 EBS 교육방송 '위대한 수업'에 초청이 되어 강연을 했다는 것이다. 교육방송이 어떤 곳인가? 한국의 대표적인 교육기관이다. 지금처럼 미디어 의존도가 높은 시대에 교육방송의 영향력은 절대적이다. 특별히 아이들과 청소년들이 중심이 된다. 이런 방송에 어떻게 주디스 버틀러와 같은 사람이 와서 사람의 성을 사람 스스로 선택할 수 있다고 강연할 수 있는가? 그런데 안타깝게도 이 사실을 아는 교회와 주일학교 교사들이 그리 많지 않다. 이로 인해 파생되는 엄청난 혼돈이 얼마나 강력한지 모르고 있다.

이 이론의 뿌리는 '문화마르크스주의(문화막시즘)'이다. 문화마르크스주의의 원형은 경제이론인 마르크스주의(Marxism)이다. 마르크스주의를 간략하게 설명하면 다음과 같다. 자본주의 사회에서 힘 있는 사람은 자본이 있는 자본가들이다. 이들이 자본을 독식하기 때문에 힘이 없는 노동자가 착취당하고 있고, 그래서 노동자들의 혁명으로 이 불평등 구조를 깨고 평등 구조를 만들자는 사상이다.

그리고 정말 혁명이 일어났다. 그 당시 부르주아라 불리는 많은 자본가들이 모든 것을 잃고 숙청당했다. 그런데 결과는 어떤가? 마르크스주의가 말하는 평등과 공평의 시대가 도래했는가? 그 사상을 받아들였던 나라(구소련, 중국, 북한 등)에 평등한 세상이 왔는가? 아니다. 또 다른 권력 집단이 모든 자본과 권력을 독식하고 있다. 오히려 가난한 사람이 더 많아졌다. 고통 속에 신음하는 사람이 더 많아졌다. 결국 실패한 이론이 되었다. 그들이 말했던 평등의 세상은 이론과 이상에만 있는 이상주의 이론으로 종식되었다.

그러나 인간의 힘으로 모두가 평등한 유토피아를 만들자는 마르크스주의는 달콤하다. 그래서 유럽, 특히 이탈리아의 철학자들이 경제이론으로는 실패했지만 문화 영역에서 마르크스주의가 필요하다고 외치며 그 영역을 경제 영역에서 문화 영역으로 확장시켰다. 문화 영역에 해당되는 종교, 교육, 예술, 가정, 사회 등 모든 영역에서 마르크스주의 철학이 확산되었다. 그래서 '문화마르크스주의' 또는 '문화막시즘'이라 불리게 된 것이다.

기독교 관점에서 문화마르크스주의를 보면 그 구조는 아주 간단하다. 모든 영역을 가해자와 피해자의 구조로 보는 것이다. 자본가를 가해자, 노동자를 피해자로 보는 마르크스주의의 세계관을 모든 영역에 대입시키는 것이다. 차별을 없애고 평등을 이야기한다. 하지만 그 동기는 '내가 지금 이렇게 힘든 것은 저 사람 때문이야. 이런 구조를 뒤집어버려야 해!'라고 하는 분노에 있다. 그들은 모든 차별을 없앤 모두가 평등한 사회를 꿈꿨지만 분노가 동기가 된 문화막시즘은 지금까지 있었던 모든 권위 질서를 강력하게 부정하고 해체하고 있다.

예를 들어 남자는 가해자이고 여자는 피해자가 되는 것이다. 이 이론에 입각한 여성들이 남성을 보는 시각은 함께 하나님의 창조 질서로 만들어진 사람의 정체성을 전면 부정하게 된다. 하나님이 창조하신 남성과 여성은 서로 다르지만, 하나님의 형상인 사람 안에서 서로 아름답게 하나의 몸으로 연합된 가정을 이룬다. 서로의 역할을 존중하고 인정한다. 그런데 서로 사랑하는 아름다운 질서를 부정하는 것이다. 그 이론에 의하면 남자는 여자를 공격하는 악한 존재일 뿐이다. 또 남자는 여자와 함께 공존할 수 없는 존재이다. 그래서 남자는 '함께'의 대상이 아니라 '제거'의 대상이 된다. 이런 문화막시즘의 뿌리가 '래디컬 페미니즘'의 사상적 근거가 된다.

오늘 우리는 어떤 세상에 살고 있는가? 남자와 여자가 서로 적대시하고 혐오하는 갈등과 분리의 시대 속에 살고 있다. 지금 일어나는 이런 갈등이 5년 후, 10년 후에는 어떻게 되겠는가? 우리의 다음세대가 살아갈 미래는 어떤 시대가 되겠는가? 우리는 지금 이 지점에서 미래를 생각하며 진지하게 질문해보아야 한다. 문화막시즘에 뿌리를 둔 이론들이 모든 영역으로 번져 나가고 있다. 기존에 있었던 권위와 질서를 지적하고 그것들을 제거하고 근본을 뒤흔든다. 이렇게 되면 영적인 질서가 망가지고 근본이 사라진다. 그런데 이런 현상이 지금 젊은 세대 가운데 일어나고 있다.

교회도 예외는 아니다. 문화막시즘의 구조에서 보면 목사는 힘이 있는 가해자이고 성도는 피해자가 된다. 담임목사는 가해자이고 부목사는 그 밑에서 시중드는 피해자가 된다. 가정도 마찬가지다. 권위를 지닌 아버지는 자녀들에게 가해자고 되고 자녀는 피해자가 된다. 그래서 미국에서는 아버지가 자녀들의 성 정체성을 말할 수 없다. 자녀들에게 "너는 남자이고, 너는 여자란다"라고 말하는 부모는 법을 어기는 부모가 된다.

이에 대한 가장 강력한 사탄의 도전은 '하나님'에 대한 도전이다. 하나님은 인류에 고통을 주는 절대적 가해자이고, 고통의 문제를 안고 사는 인류는 피해자가 된다. 그래서 하나님은 인간에게 있어서 제거 대상이 된다. 모든 것에 질서가 되는 하나님만 없으면 인간 스스로 본능대로 하고 싶은 것을 하며 마음껏 살 수 있는데 하나님이 걸림돌이 되는 것이다. 그래서 그들은 모든 영역에서 창조자 하나님 지우기를 하고 있다. 문제는 이런 엄청난 이론들이 지식인들 사이에서 받아들여지고 있다는 것이다. 그 말은 이 이론을 수용하고 받아들이면 지식인이고, 그에 반하는 사람은 야만이 되는 것이다. 인권을 탄압하는 사람이 되고 여자를 존중하지 않는 사람이 되는 것이다. 지식인들 사이에서 받아들여진다는 것은 곧 대중화된다는 것을 의미한다.

그래서 마지막 때 예수님을 믿는 길이 좁은 길이라 하셨나보다. 이런 문화 속에서 예수님을 믿으며 내 신앙을 지킨다는 것은 쉽지 않은 고난의 길이다. 그럼에도 불구하고 좁은 길을 가야 하는 이유는 그 길이 우리를 생명으로 인도하는 길이기 때문이다. 멸망으로 인도하는 길은 크고 넓다. 그래서 많은 사람들이 쉽게 갈 수 있다. 그래서 우리는 준비해야 한다. 엘리야처럼 저항하고 싸워야 한다. 그래야 엘리사를 보호할 수 있다. 엘리사가 일어나 결국 이세벨의 문화를 제거할 것이다. 지금 우리는 하나님께서 확보해주신 이 시간을 소중히 여기고 마지막을 변화시킬 '래디컬 세대'를 일으켜야 한다.

3. 행음하고 음란한 문화

지금 교회에서는 순결을 가르치지 않고 젊은이들의 눈치를 보고 있다. 그러니 성령의 능력이 교회를 떠난 것이다. 이세벨은 마지막에 바로 이 문화를 끌어올린다. 교회의 종들을 끌어내어 행음하게 한 것이다(계 2:20-21).

음란의 영은 실체가 있는 것이 아니다. 영은 장악하고 통치하는 속성이 있다. 성령충만하다는 것은 성령의 통치 아래에 있다는 것이다. 그래서 생각하는 것, 행동하는 것 모두가 성령의 뜻을 따라 움직이게 된다. 악한 영도 마찬가지이다. 악한 영이 지배한다. 그 대상이 되는 사람은 악한 영의 지배 아래에 있게 된다. 생각을 지배하고 감정과 의지를 지배한다. 그래서 음란을 생각하는 자에게 악한 영이 들어가서 그 마음을 음란으로 지배하는 것이다. 지금 10대 청소년들이 악한 영에 사로잡히게 되었고 그 수가 많아지고 결국 교회까지 들어오게 되었다. 음란이 당연하고 자연스러운 문화가 되어버린 것이다.

이런 상황에서 우리는 어떻게 해야 하는가? 지금 이 상황을 심각하게 생각해야 한다. 통계에 따르면 첫 번째 성(性) 경험을 14살에 한다고 한다. 이런 세대에게 어떤 복음이 들려져야 하겠는가? 혼전 순결의 중요성을 말할 수 있겠는가? 나의 성을 소중히 여기며 그 성은 하나님의 뜻 가운데 만난 배우자를 위해 거룩하고 성결하게 준비되어야 한다고 말할 수 있는가?

얼마 전 목사님들이 모인 설교 세미나에 멘토 강사로 다녀왔다. 젊은 목사님들이 질문했다. "목사님, 혼전 순결, 동성애 등 사람들이 민감하게 생각하는 영역을 설교해야 할까요?" 나는 반문

했다. "설교를 망설이는 이유가 무엇입니까?" 그러자 이렇게 대답했다. "목사님, 성도들이 부담스러워합니다. 성도들이 싫어합니다. 가뜩이나 교회가 세상으로부터 독선적이라 욕을 먹고 있는데 그런 설교하다가 교인이 떠나면 어떻게 하나요?" 그 말을 들을 때 마음이 무너지는 것 같았다. 엘리야가 갈멜산에서 이스라엘 백성들에게 어떻게 설교했는지 알려주고 싶다.

아합이 이에 이스라엘의 모든 자손에게로 사람을 보내 선지자들을 갈멜 산으로 모으니라 엘리야가 모든 백성에게 가까이 나아가 이르되 너희가 어느 때까지 둘 사이에서 머뭇머뭇하려느냐 여호와가 만일 하나님이면 그를 따르고 바알이 만일 하나님이면 그를 따를지니라 하니 백성이 말 한마디도 대답하지 아니하는지라 왕상 18:20-21

"너희가 언제까지 머뭇머뭇거리겠느냐? 하나님을 택하려면 하나님을 택하고 바알을 택하려면 바알을 택하라!" 아주 강력한 도전을 한다. 그런데 그 설교를 듣던 청중들의 반응이 놀랍다. 그 설교를 듣고 백성이 아무 말도 하지 않았다고 기록되어 있다. 침묵하고 있다. 하나님의 법을 거역하는 것도 잘못이지만 아닌 것을 알면서 침묵하는 것은 더 나쁘다. 예수님이 죄가 없다는 것을 알면서도 군중에 휩쓸린 빌라도와 다를 바 없다. 바로 이 침묵의 메시지를 듣기 때문에 다음세대가 악한 날에 능히 이기고 서지 못하는 것이다.

> 그러므로 하나님의 전신 갑주를 취하라 이는 악한 날에 너희가 능히 대적하고 모든 일을 행한 후에 서기 위함이라 엡 6:13

엘리야는 이세벨의 악한 문화와 싸웠던 '래디컬 세대'이다. 래디컬한 엘리야로부터 엘리사가 나왔다는 사실을 기억하라. 다시 타협 없는 복음으로 돌아가 머뭇거림이 없는 래디컬 세대를 세워야 한다.

> 보라 여호와의 크고 두려운 날이 이르기 전에 내가 선지자 엘리야를 너희에게 보내리니 말 4:5

악한 이세벨의 문화가 창궐하여 올라오고 있지만, 하나님은 엘리야를 일으키기 위해서, 엘리야의 심정을 가진 주의 종들을 일으키기 위해서, 엘리야의 심정을 가진 교회들을 일으키기 위해서, 엘리야의 심정을 가진 부모들을 일으키기 위해서, 엘리야의 심정을 가진 교사들을 일으키기 위해서 준비하고 계신다.

엘리야는 불이 있는 자였다. 우리는 불이 있는가? 성령의 불이 임하고 있는가? 돌아봐야 한다. 그 불이 우리에게 있어야 한다. 우리가 그 불을 가지고 깨어 일어나야 한다.

하늘의 유업을 받을 수 있는 다음세대

아브라함의 유업을 받은 이삭은 죽는 자리로 갔다. 앞으로는 이 싸움이다. 청년들이여, 어디로 갈 것인가? 죽는 자리로 가라. 내 생각이 죽는 자리, 십자가, 그곳이 내가 사는 길이다. 그 길을 가다보면 내 안에 불편한 마음들, 반항하고 싶고 더러운 마음들이 나온다. 가만히 있을 때는 잘 모르다가 가다보면 어떤 사람과 동행하기 싫은 마음이 올라온다. 그때 어디로 가야 할까? 결국은 '십자가'로 가야 한다. 십자가에서 나를 처단해야 한다.

십자가에서 우리의 옛 생각이 죽었다는 사실을 믿기 바란다. 우리는 십자가를 선포하고 붙잡고 기도해야 한다. 십자가에서 이미 끝났기 때문이다. 그 외에 우리 안에 있는 모든 것은 허상이다. 십자가에서 나의 모든 것을 실제로 바꿔보기를 바란다. 이미 주님이 하셨으니 십자가 안에서 승리하기 바란다. 나의 옛 생각과 옛 자아는 주님의 십자가 앞에서 이미 죽었다. 나의 생각은 이미 새롭다. 이것을 선포하기 바란다. 이 사람에게 열방이 주어지고 은혜가 부어지고 권세가 부어지게 되어 있다. 그렇게 달려갈 수 있는 우리가 되기를 바란다.

제자는 사랑의 나라를 전파한다

●이사야서 11:6-8

나는 하나님을 사랑하고 하나님의 뜻대로 살고 싶다. 그러나 내 안에 연약함의 문제가 드러날 때가 있다. 하고 싶지 않은 말이 튀어나오기도 하고, 내 마음은 원하지 않는데 나의 연약함으로 인한 행동들이 사람들을 상처 입게 하기도 한다. 그런 나를 볼 때 당황스럽다. 내가 보기에도 싫은 모습이다. 왜냐하면 나는 좋은 모습의 나만 보기를 원하기 때문이다. 하나님께서 창조하신 형상의 나만 보기를 원하는데, 그렇지 않다는 것이다.

다른 사람과 비교해도 마찬가지다. 내 이웃의 좋은 모습만 보면 문제가 없다. 부모님의 좋은 모습은 보기에 거리낌이 없다. 내가 살아가는 나라에 좋은 모습만 있다면 어려움이 없을 것이다. 그런데 그렇지 않은 모습들이 있다. 좋은 모습과 그렇지 않은 모습이 공존한다. 모든 갈등과 문제가 거기서 일어난다.

내가 나를 볼 때도 싫은 모습이 있다. 그 모습을 바라보는 나는 어떤 마음이겠는가? 좋지 않다. 또 상대방의 약점과 연약함을 볼 때가 있다. 내가 원하지 않는 모습이다. 내가 감당하지 못할 행동을 하면 어려운 것이다. 여기에 우리의 딜레마가 있다. 머리로는 하나님을 사랑해야 하는 것도 알고, 복음의 능력도 안다. 십자가도 안다. 입으로는 하나님을 사랑하고 형제를 사랑한다고 하면서 실제는 그렇지 않을 때, 한마디로 마음에 들지 않는 것이다. 이렇게 정작 우리의 삶은 묶여 있다. 내 안의 상처와 보고 싶지 않은 모습에 묶여 있다. 보고 싶지 않은 부모님의 모습에 내가 묶여 있다. 자유하지 않다. 그리고 그 때문에 상처받았다고 이야기한다. 나 또한 상처를 줄 수 있다. 이것이 우리의 현실이 아닐까?

창조, 타락, 구속의 통합적 인식

기독교 세계관은 "어떤 관점을 가지고 이 세상을 바라보고 삶을 조망할 것인가?"에 달려 있다. 여기에 창조, 타락, 구속의 구조가 매우 중요하다. 하나님께서 이 세상을 창조하셨다. 그런데 인간의 죄로 이 땅이 타락했고, 하나님으로부터 분리되었다. 이에 예수 그리스도가 오셔서 우리를 구원하고 구속하셨다는 관점이다. 그중 '창조' 이야기는 우리가 받아들이기에 전혀 거부감이 없다. 하나님이 천지를 창조하셨다. 얼마나 아름다운 이야기인가?

불편하지 않다. 하나님을 완전히 거부하는 마음이 아니라면 아름답고 거리낌이 없는 이야기다. '구속'(救贖)은 우리가 모든 어려움과 묶임으로부터 자유하게 되었다는 것이다. 죄로부터 자유하게 된 승리의 역사다. 이 또한 불편하지 않다.

우리에게 어려운 것은 '타락'에 관한 부분이다. 우리는 깊이 생각해야 한다. 창조, 타락, 구속은 하나로 우리의 세계관을 이루는 것이지 창조 따로, 타락 따로, 구속을 따로따로 보는 것이 아니다. 이것이 통합적으로 우리 안에 인식되는 것이 복음이다. 이 통합된 인식이 없으면 내 신앙과 삶에 개연성이 없다. 내가 어렵고 힘들고 연약하고 문제가 있고, 내가 실수하고 낙망해서 내 삶이 고통스럽고 좌절하고 절망하는 시점이 있다. 그럴 때 어떻게 할 것인가? 다시 말해 우리는 타락(죄)에 대한 분명한 성경적 관점이 있어야 한다는 것이다. 문제 해결은 그다음 문제다.

왜 창조, 타락, 구속이 중요할까? 하나님이 천지를 창조하셨다. 천지를 지으시고 하나님이 보시기에 좋다고 하셨다. 사랑하는 사람은 바라만 봐도 너무 좋다. 그 사람을 보기만 해도 기쁜 것, 이것이 창조다. 그런데 하나님이 보기만 해도 기뻐했던 아담과 하와가 타락했다. 하나님의 형상이 깨졌다. 그것은 하나님이 원하는 모습이 아니었다. 그들은 수치심과 좌절 가운데 부끄러워하고 두려워했다. 그 모습이 진정 하나님이 원하시는 창조의 모습이었을까?

하나님은 타락한 인간을 어떻게 바라보셨는가?

여기에 우리의 질문이 있다. "그때 하나님이 타락한 아담과 하와를 어떻게 바라보셨을까?" 하나님의 마음에 들지 않고, 하나님의 기준에 맞지 않는 상황이다. 그런데 창조, 타락, 구속은 하나님의 관점이며 영적인 세계관이다. 다시 말해 하나님은 영이시고 사랑이시다. 사랑은 창조와 구속에만 있는 것이 아니다. 타락도 사랑의 속성 안에 있다. 사랑이신 하나님이 타락한 존재인 인간을 어떤 눈으로 바라보고 계셨는지 이것을 알아야 우리가 사랑이신 하나님을 제대로 알 수 있고, 복음을 알게 되는 것이다. 이해되는가?

하나님께서 타락한 존재를 어떤 눈으로 보셨는지 알 수 있는 예는 탕자의 비유가 아닐까? 탕자인 아들이 아버지가 원하는 모습은 아니다. 타락했다. 복음에는 창조가 가장 중요하다. 그러나 이 타락의 문제를 풀어내야 구속으로 갈 수 있다. 이 문제를 풀어내지 못하면 종교가 되어버린다. 능력이 없게 된다. 내 삶에 여전히 문제가 있고 고통스러운데 입으로는 하나님을 사랑한다고 말하는 것은 능력이 없는 것이다.

그러므로 우리에게 이 타락의 문제가 정리되어야 한다. 탕자의 비유에서 아버지가 탕자를 어떻게 바라보았는가? 정죄했는가? 심판했는가? 아니면 판단했는가? 아버지는 집 나간 아들을 기다리고 기다렸다. 아버지에게는 아들의 상태가 중요한 것이 아니었다. 아버지는 그저 아들 자체를 바라보았다. "내 아들이 돌아왔다!" 그것 말고는 없었다. 그리고 아무 조건 없이 아들을 모든 영역에서 회복시킨다. 돌아온 아들에게 좋은 옷을 입히고 반지를 끼우고 신을 신겨주고 살진 송아지를 잡는다. 다시 아들의 자격을 회복시켜준다. 이것이 복음이다. 이 부분이 이해가 되어야 우리 삶의 실제적인 문제들이 풀리기 시작한다. 이것이 아버지의 입장이다.

그렇다면 탕자의 입장은 어떠한가? 자기가 잘못했는데도 구원을 받았다. 그는 돌아오기만 했는데 아낌없이 모든 것을 주고 권위를 세워주었다. 그 후 그 아들이 어떻게 살아갔을까? 밑바닥까지 갔던 탕자의 남은 생이 어땠을까? 철이 들고 깨닫지 않았을까? 값없는 아버지의 사랑 앞에 감격하고 빚진 자의 마음으로 살았을 것이다. 은혜를 알았을 것이다. 마찬가지로 오늘 우리의 삶 가운데 일어나는 많은 어두움, 어려움의 문제들을 따로따로 보면 안 된다. 이 문제가 반드시 구속으로 이어지기 때문이다. 이것이 복음이다.

예수님의 구속 사역

창조적인 능력은 어디서 나오는가? 땅이 혼돈, 공허, 흑암 가운데 있을 때, 육의 상태, 창조 이전의 상태에 있을 때 하나님의 말씀으로 창조가 시작되었다는 것을 기억하라. 하나님은 혼돈을 질서로, 공허를 기쁨으로, 흑암을 빛으로 바꾸셨다. 흑암이 있기 때문에 빛의 존재를 알게 되고, 공허함이 있기 때문에 만족을 알게 되는 것이다. 무질서한 상태가 있기 때문에 질서라는 개념도 알게 되는 것이다. 그렇게 실제가 된 것이다.

진짜 능력 있는 계시란 무엇일까? 실제 이 땅에서 이루어지는 예수님과 같은 능력의 복음이란 우리 안에 있는 타락과 우리의 연약함과 고통이 그 자체로 끝나버리지 않는 것이다. 창조주 예수님은 우리의 육으로 들어오셨다. 그 고통 가운데 들어오셨다. 하나님과 단절된 육은 온갖 잘못된 사망의 생각으로 가득하다. 우리의 생각과 마음과 몸은 다 병들어 있다. 그 육신의 몸을 입고 타락한 몸으로 예수님이 들어오셨다. 그리고 거기서 재창조를 이루신 것이다. 하나님이 생명을 일으키신 것이다. 이것이 진짜다.

나의 어두움과 죄악과 묶임 가운데 주님이 오신 것, 이것이 복음이다. 그 속에서 하나님이 나의 연약함을 바꾸신다. 이제 우리 안에 있는 연약함의 문제를 어떻게 바라봐야 할까? 역설적인 이야기지만, 우리가 타락하지 않았다면 예수를 알았을까? 우리가 타락한 그 순간 예수님이 계시되었다. 우리는 이것을 통합적으로 보아야 한다. 우리가 연약하기 때문에 넘어지고 낙망하고 어렵고 죄책감이 들고 수치심이 생길 수 있다. 그러나 거기서 끝나면 안 된다. 하나님이 나를 어떻게 보시는지, 복음이 이 문제를 어떻게 말하고 있는지 알아야 한다. 그 때문에 예수님이 오신 것이다. 그리고 우리는 미래의 회복된 존재로 살게 된다. 이것이 우리의 힘이자 승리다.

연약한 나의 모습이 드러날 때 이제 어떻게 할까? 그 모습도 '나'다. 좋은 일을 하는 나도 나고, 연약한 나도 나다. 내 자녀가 내 마음을 좋게 할 때도 내 자녀이고, 실망스러운 일들을 할 때도 내 자녀다. 오늘 내 안에 일어나는 연약함의 문제를 숨겨두면 안 된다. 직면하고 받아들여야 한다. 이것이 정직한 것이다. 그 때문에 갈등하고 어렵지만 그 갈등이 나중에는 진짜 능력이 된다. 그 갈등 속에서 서로 부딪히고 깎이고 무너지고 그 속에서 짜낸 진액이 극상품의 포도주가 된다. 그리스도인의 인생은 그런 것이다.

이처럼 사랑하사

성경은 하나님이 우리의 그런 모습을 인정하실 뿐만 아니라 사랑하신다고 말씀한다.

하나님이 세상을 이처럼 사랑하사 독생자를 주셨으니 요 3:16

이제 문제의 답을 찾았는가? 타락한 아담을 보고 하나님이 어떤 마음이셨을까? 하나님은 그를 사랑하셨다. 하나님은 하나님의 완벽한 형상으로 창조된 아담도 사랑하셨지만, 타락한 아담도 사랑하셨다. 하나님이 우리의 연약함도 사랑하신다! 나는 내 모습이 보기 싫을지라도 하나님은 그 모습을 사랑하신다. 바로 이 사랑이 우리의 인생을 하나님의 신실하심으로 바라보게 하는 열쇠다. 깨어짐, 그러니까 우리의 타락, 죄, 악, 연약함은 재창조의 분명한 통로가 된다는 사실을 믿기 바란다. 이것이 복음이다. 창조, 타락, 구속이 하나님나라를 이루는 복음의 핵심이다. 하나님나라는 이 정직한 기초 위에 세워진다.

율법이 들어온 것은 범죄를 더하게 하려 함이라 그러나 죄가 더한 곳에 은혜가 더욱 넘쳤나니 이는 죄가 사망 안에서 왕 노릇 한 것같이 은혜도 또한 의로 말미암아 왕 노릇하여 우리 주 예수 그리스도로 말미암아 영생에 이르게 하려 함이라 롬 5:20-21

죄가 있는 곳에 은혜가 있다! 하나님을 만난 사람의 첫 일성(一聲)이 무엇일까? "내가 죄인입니다!" 죄를 강조하는 것이 아니다. 죄를 고백하는 순간 은혜가 임한다는 것이다. 다시 말해 내가 죄인임을 고백하는 바로 그 순간에 자신이 하나님의 은혜를 입은 자임이 계시되는 것이다. 그럴 때 온전해지고 완성되는 것이다. 이 말이 이해되는가?

하나님은 우리의 연약함의 문제보다 내 안에 주님을 사랑하는 마음이 있는지 그것만 보신다. 우리의 상태를 보시는 것이 아니다. 우리가 아무리 구덩이에 빠져 있고, 죄 가운데 있어도 하나님을 사랑하는지만 보신다. 우리가 십자가 형벌을 받는 죄인이라도 그 십자가에서 "내가 하나님을 사랑합니다!"라고 말하는 사람이 구원을 받는다. 진짜 타락은 하나님을 사랑하는 마음이 없어진 상태다. 그러면 수동적이 된다. 삶을 받아 움직이고 종교적이 된다. 비전도 없고 꿈도 없다. 그러니까 능력이 없고 실제도 없다. 고민이 없고 눈치만 보면서 사람의 종이 된다. 하지만 우리는 하나님 앞에 당당한 존재들이다. 우리는 하나님이 사랑으로 만드신 자들이기 때문이다.

첫째 계명과 둘째 계명

예수님은 성경을 두 가지 계명으로 줄이셨다. "첫째, 마음과 목숨과 뜻을 다하여 주 너의 하나님을 사랑하라. 둘째, 네 이웃을 네 자신같이 사랑하라." 이것이 무슨 의미일까? 사랑의 근본이신 하나님은 우리 눈에 보이지 않는다. 우리가 예배드리고 찬송도 하고 말씀을 읽으면서 하나님을 사랑한다. 그 사랑이 진짜라면 그 사랑에는 능력이 있다. 그러나 노력하는 것이라면 그것은 진짜 사랑이 아니다. 우리는 하나님을 사랑하지 않고 설교할 수 있다. 하나님을 사랑하지 않고 돈을 벌 수 있다. 하나님을 사랑하지 않고 사역할 수도 있다. 그것은 다 자기 의로 하는 것이다. 자기 만족 때문에 하는 것이다.

우리는 하나님을 사랑하는 것 같다. 나도 마음으로 하나님을 사랑하는 것 같다. 얼마나 열심인가! 그런데 그 사랑이 진짜냐 하는 것이다. 어떻게 검증할 수 있는가? 왜 주님이 두 번째 계명을 말씀하셨을까? 하나님을 사랑하는 것은 보이지 않는(invisible) 추상적 영역이다. 그래서 보이는(visible) 영역에서 검증하는 것이다. 우리는 보이는 세상에 살지만 보이지 않는 세상을 드러내야 할 의무가 있음을 믿어야 한다. 그것이 검증되고 드러나는 것이 하나님의 나라다. 그래서 하나님나라에는 능력이 있다. 보이지 않는 하나님을 사랑하는 것은 추상적인 개념이나 감정적인 사랑 말고 실제적으로 검증되어야 한다. 우리가 정말 이웃을 사랑할 수 있을까? 육을 입은 우리가 이웃을 사랑할 수 있겠는가? 주님이 우리에게 이웃을 사랑하라고 명하셨다. 그 말은 우리의 이웃 사랑이 검증되지 않으면 하나님을 향한 우리의 사랑이 가짜로 판명난다는 뜻이다.

우리의 사랑을 어떻게 검증할까? 주님은 신약성경에서 끊임없이 이웃에 대한 사랑을 요구하신다. "네 이웃에게 노하지 마라", "네 이웃에게 원망 들을 만한 일이 있으면 먼저 네 이웃과 화해한 다음에 와서 예배를 드려라" 그래야 예배를 받으신다는 것이다. 예수님은 구약의 하나님과의 일대일의 사랑을 실제로 이웃을 향해 풀어내신 것이다. 주님은 진정한 사랑에 대해 끊임없이 풀어서 말씀하셨다. 오른편 뺨을 치면 왼편도 돌려대고, 네 속옷까지 가지고자 하면 겉옷도 줄 수 있어야 하고, 오 리를 가자고 하면 십 리를 가주라고 하셨다(마 5장 참조).

그렇지 않으면 첫째 계명이 가짜라는 것이다. 거기까지 가야 완성되는 것이다. 또 이웃이 잘못을 했더라도 용서해야 한다. 어떻게? 일곱 번씩 일흔 번이라도 용서해야 한다. 당신은 몇 번이나 용서하는가? 주님은 우리에게 500번 가까이 용서하라고 하셨다. 끝없이 용서하라는 뜻이다. 우리에게 그 능력이 있는가? 없다. 그런데 왜 주님은 두 번째 계명으로 우리에게 사랑하라고 하셨을까? 우리에게 그런 능력이 없는데….

여기에 비밀이 있다. 하나님을 진짜 사랑한다는 것은 두 번째 계명을 지키려고 할 때 내 안에 있는 한계를 보는 것이다. 나는 주님을 사랑하는데 내 육신과 나의 의지는 그러지 못한다. 그런 타락한 나를 볼 때 우리는 예수 그리스도를 바라볼 수 있다. 이 타락하고 연약한 나를 해결할 수 있는 방법은 내가 의지적으로 결단하는 것이 아니라 나를 구속하신 예수님을 바라보는 것이다. 그리고 그분께 부탁드리는 것이다. 나의 모든 연약함을 그분에게 전가하고 그분이 이런 나를 사랑하셔서 십자가에 달려 죽으신 것을 믿는 것이다. 그분이 나를 위해 사랑 없는 나를 위해 연약한 나를 위해 그렇게 하셨다! 그분은 실제다. 연약한 나를 외면하지 않으신다. 나도 내 모습이 싫은데 다른 사람이라고 좋아할까? 그런데 그 모습을 용납해주시는 분은 한 분밖에 없다. 그분이 예수님이다. 그 예수님이 우리에게 사랑의 모델이 되셨다.

내가 존경하는 목사님 한 분이 "사랑은 짐승이 되는 것"이라고 말씀하셔서 너무 놀랐다. 짐승은 낮고 비천한 존재인데 짐승이 되는 것이 왜 사랑인가? 예수님이 우리를 사랑하심으로 어린양, 곧 짐승 제물이 되어 돌아가신 것이 사랑이라는 것이다. 그 존귀하신 분이 우리를 위해 제물이 되신 것이다. 이것이 사랑이다. 우리가 이 사랑을 구해야 한다. 그럴 때 그분의 사랑이 내 안에 젖어든다. 짐승이 되실 정도로 겸손하시고 그 정도로 나를 존귀하게 여겨주신다. 그분이 짐승이 되셨다는 것은 결국 내가 존귀한 자가 되었다는 뜻이다. 사랑은 사람을 존귀하게 한다. 진짜 사랑은 사랑하는 자를 존귀하게 만들지만 가짜 사랑은 그 위에 군림한다.

내 이웃을 대할 때 진짜 사랑이 점검된다. 나는 저 사람을 용납할 수 없고 사랑할 수가 없다. 하나님이 사랑하신 것처럼 나도 그 래야 한다는 것은 안다. 그래도 타락한 나를 보는 것으로 끝나면 안 된다. 바로 그 순간이 계시가 임하는 순간이다. 예수 그리스도 가 계시되는 순간이다. 예수의 온전한 형상이 덮이는 순간이다. 우리가 그 사랑으로 일어날 수 있기를 축복한다.

하나님나라를 전파하는 제자들

하나님나라는 제자들이 전해야 했던 아주 중요한 복음이다. 제 자들이 궁극적으로 해야 할 일은 하나님나라를 전하는 것이라고 주님이 강조하셨다. 예수님은 고난받으신 후에 부활하셨고 승천 하시기 전까지 제자들에게 보이시며 하나님나라의 일을 말씀하 셨다. 그리고 초대교회와 제자들을 통해 하나님나라의 일들이 전 파되었다. 말씀이 실제가 되었다.

하나님의 나라를 전파하며 주 예수 그리스도에 관한 모든 것을 담대 하게 거침없이 가르치더라 행 28:31

제자들이 하나님나라의 일과 하나님나라를 전파하는 것으로 사도행전은 마무리가 된다. 여기서 질문이 있다. 하나님나라를 전파해야 한다는 것은 알겠는데, 하나님나라는 구체적으로 무엇을 말하는가? 말 그대로 하나님이 다스리시는 나라, 하나님이 주인 되시는 나라다. 본질이 하나님이시다. 이 세상 왕이나 그 어떤 통치자가 아니다. 하나님나라의 본질은 하나님이시다. 그렇다면 하나님의 본질이 무엇인가? 하나님은 사랑이시다. 하나님은 영이시다. 사랑도, 영도 보이지 않지만 존재한다. 하나님은 우리 눈에 보이지 않지만 존재하신다. 사랑 위에 존재하신다. 그러니까 하나님나라가 전파된다는 것은 사랑의 나라가 전파된다는 말이다. 사랑이 전파되는 것이다.

하나님나라가 사랑이라면 본질적인 사랑은 무엇일까? 고린도전서 13장에 나오는 사랑의 속성은 굉장히 구체적이다. 하나님께서 창조하신 사람은 이 사랑을 서로 주고받는 존재다. 그 말은 대상이 있다는 것이다. 그러니까 하나님의 속성인 사랑은 함께하는 사랑이다. 하나님도 성부 성자 성령 삼위일체 하나님이 함께하신다. 하나님이 사람을 지으실 때 남자와 여자를 지으셨다. 남자와 여자가 함께해야 생명이 잉태된다. 그것 말고는 생명을 낳을 다른 방법이 없다. 인간은 함께해야 하는 존재다. 생명이 존속되어야 인류가 존속된다. 이것을 한마디로 '관계'라고 할 수 있다. 사랑은 관계다. 인간은 관계하는 존재라는 것이다.

아담과 하와는 하나 된 관계였다. 그런데 사탄이 죄를 통해서 그 관계를 깨뜨렸고, 서로 의심하는 관계로 만들어버렸다. 사랑하는 존재가 의심하는 존재가 되었다. 지금 옆에 있는 사람과 언제 어떻게 될지 모른다. 사랑을 애매하게 생각하지 말라. 사랑은 관계다. 예수님이 우리에게 하나님을 사랑하고 네 이웃을 사랑하라고 말씀하셨다. 하나님을 향한 사랑이 진짜인 것을 알려면 이웃과의 관계에서 나타난다고 하셨다. 보이지 않는 것이 보이는 것으로 드러나게 된다는 말이다. 이것이 원리다. 보이지 않는 세상은 반드시 보이는 세상에 나타나게 되어 있다. 그림자처럼 나타난다.

예를 들어, 우리가 첫 번째 하나님과의 관계가 무너졌는데 두 번째 사람과의 관계가 좋을 리 없다. 그런데 사람들은 이 두 번째 관계가 무너진 원인을 두 번째 관계의 회복에서 찾으려고 한다. 그러나 믿는 사람이라면 하나님과의 관계가 먼저 회복되는 것이 비결이라는 것을 안다. 왜냐하면 하나님을 사랑하는 그 사랑으로 다른 사람을 사랑할 수 있기 때문이다.

하나님과 우리 사이를 갈라놓은 죄 문제

오직 너희 죄악이 너희와 너희 하나님 사이를 갈라놓았고 너희 죄가 그의 얼굴을 가리어서 너희에게서 듣지 않으시게 함이니라 사 59:2

하나님과 우리 사이에 어떤 문제가 있는가? 죄악이 하나님과 우리의 관계를 갈라놓았다. 그것 말고는 없다. 하나님이 능력이 없어서 구원하지 못하시는 것이 아니다. 문제는 하나님과 우리의 관계가 끊어진 것이다. 바로 죄 때문이다. 하나님의 능력 때문이 아니다. 죄가 이 관계를 갈라놓았다. 하나님과 우리 사이에 사랑이 깨졌다는 것이다. 누가 깼는가? 우리가 깬 것이다. 하나님은 여전히 우리를 사랑하시는데 우리가 그 사랑을 거절하고 배반하고 음녀처럼 돌아선 것이다.

그래서 사랑이신 예수님이 오셨다. 예수님이 오셔서 진짜 사랑을 보여주셨다. 친구를 위하여 목숨을 버리는 사랑을 보여주셨다. 주님은 이보다 더 큰 사랑이 없다고 말씀하셨다(요 15:13). 당신은 그럴 수 있는가? 주님이 우리에게 보여주신 사랑은 친구를 위하여 목숨을 버리는 사랑이다. 좋으면 삼키고 쓰면 뱉는 사랑이 아니다. 그런 연애는 사랑이 아니다. 사랑은 끝까지 함께하는 것이다. 본질을 봐야 한다. 이 세상이 어떻게 돌아가고 있는지 제자들은 눈을 떠야 한다. 보이지 않는 하나님나라의 가치가 이 땅에 임하고, 그 사랑이 임해야 한다. 그럴 때 회복이 일어난다.

관계는 몸의 혈관과 같다. 혈관 속에서 피가 잘 흘러야 심장이나 뇌 같은 중요한 장기를 비롯해서 몸 구석구석으로 영양소와 산소를 제대로 공급하여 건강을 유지시켜준다. 죽으면 피가 멈추고 순환되지 않는다. 하나님이 만드신 창조의 법칙은 순환이 되는 것이다. 혈관이 막히면 문제가 생긴다. 모든 병의 근원이다. 근육이 뭉치면 통증이 생기고 몸의 균형이 무너진다. 순환이 이토록 중요하다. 삶의 모든 영역 가운데 이 관계가 풀어지기를 주님의 이름으로 축복한다.

고린도교회를 보라. 그들은 하나님과 관계가 나름 좋았다고 생각했다. 그들에게 은사와 능력이 있었기 때문이다. 하지만 그들은 서로 분열되어 있었다. 바울은 이 문제를 정확하게 진단한다. 그들에게 사랑이 없다고 진단한 것이다. 사랑이 없으니까 다 막힌다. 그들이 하나님 앞에 잘 흐르는 것처럼 보이지만 그렇지 않다. 고린도교회 안에 주님의 보혈이 순환하지 않아서 그리스도의 몸인 교회 안에서 말도 안 되는 범죄들이 일어난다. 미워하고 분열하고 당을 짓고 근친상간의 문제까지 일어난다. 관계가 막혔기 때문이다.

마찬가지로 이 땅에서 하나님이 쓰시는 제자들은 그 안에 막힘이 없어야 한다. 영의 특성 자체가 막힘이 없다. 영은 시공간을 넘어선다. 하나님께서 쓰시는 사람에게 막힘이 있으면 안 된다. 막힘이 있으면 하나님의 영이 움직일 수가 없다. 하나님은 당신을 통해서 움직이기를 바라신다. 하나님의 능력이 당신 가운데 나타나기를 원하신다. 그렇기 때문에 이 땅에서 묶여 있는 사람을 통해서는 하나님이 역사하실 수가 없다. 그래서 주의 보혈이 필요하고 용서가 필요하다. 그 능력으로 인한 회복이 필요하다. 단순히 인간관계의 회복이 아니라 우리 안에 있는 막힘이 풀려야 한다. 제자들의 삶 가운데 막힘이 없어야 하는 이유는 딱 하나, 하늘의 능력을 받아야 하기 때문이다. 그 능력이 우리 가운데 임해야 한다. 막힘, 묶임, 높아지고 낮아진 것, 보이지 않는 계층과 장벽들이 다 무너져야 한다.

이리와 어린 양이 함께 사는 나라

이사야서에는 예수님이 이 세상에 오시면 이루어지는 하나님 나라가 어떤 나라인지 구체적으로 보여준다.

그때에 이리가 어린 양과 함께 살며 표범이 어린 염소와 함께 누우며 송아지와 어린 사자와 살진 짐승이 함께 있어 어린아이에게 끌리며 암소와 곰이 함께 먹으며 그것들의 새끼가 함께 엎드리며 사자가 소처럼 풀을 먹을 것이며 젖 먹는 아이가 독사의 구멍에서 장난하며 젖 뗀 어린아이가 독사의 굴에 손을 넣을 것이라 내 거룩한 산 모든 곳에서 해 됨도 없고 상함도 없을 것이니 이는 물이 바다를 덮음같이 여호와를 아는 지식이 세상에 충만할 것임이니라 사 11:6-9

이 말씀에 등장인물이 많다. 이리, 어린 양, 표범, 어린 염소, 송아지, 어린 사자, 암소, 곰, 독사, 어린아이다. 그런데 묘한 대립 구조로 되어 있다. 이리와 어린 양은 상식적으로 생각하면 함께 살 수 없다. 표범과 어린 염소도 공존할 수 없는 관계다. 송아지와 사자도 절대 함께 있을 수 없다. 암소와 곰도 그렇다. 어린아이가 독사 굴에 손을 넣으면 어떻게 될까? 굶주린 이리 떼에 어린 양을 던지면 어떻게 될까? 순식간에 찢길 것이다. 결코 함께할 수 없는 구조이다.

그런데 성경에서 뭐라고 이야기하는가? 그들이 함께 살며 뛰논다고 한다. 이것이 하나님나라라는 것이다. 함께 뛰어놀 수 없는 존재들이 함께한다. 이 세상을 보라. 사탄이 만든 세상의 구조를 보라. 죄악이 들어와 바벨탑을 만든 이 세상의 구조를 보라. 힘의 지배자, 용사 니므롯을 중심으로 사탄이 만든 바벨이라는 사탄나라의 모형을 보라. 그곳에서는 이리와 어린 양이 함께 살 수 없다. 약육강식의 구조이다.

세상은 우리에게 어떤 존재가 되라고 권면하는가? "너희는 이리가 되어라. 표범이 되어라. 사자가 되어라. 곰이 되어라. 독사가 되어라." 이렇게 강력하게 권면한다. 왜인가? 그 이유는 분명하다. 그래야 잡아먹히지 않고 힘을 지킬 수 있기 때문이다. 하나님나라는 사랑이 지배하는데, 이 세상은 힘이 지배한다. 힘의 근거는 자기만 잘되려는 욕망이다. 함께함이 없는 분리된 욕망이다. 어떻게든지 나만 성공하면 되는 것이다. 그것은 하나님이 만드신 창조 세계가 아니다. 하나님이 만드신 인간은 함께해야 하는 존재다. 함께함이 창조의 본질이다.

1. 함께함

이리와 어린 양은 절대 함께할 수 없다. 어린 양은 항상 이리의 밥이 된다. 한 번 물려본 사람이라면 어린 양으로 살면 안 되고 이리가 되기로 결정한다. 오늘 우리의 관계는 어떻게 형성되어 있는가? 이리와 어린 양의 관계라면 함께 살 수 없다. 표범과 어린 염소의 관계라면 함께 살 수 없다. 그런데 성경은 이야기하고 있다. 이리와 어린 양이 함께 뛰노는 나라가 임할 것이라고 말이다. 그렇다면 그들이 어떻게 공존할 수 있을까? 이 말씀의 방점은 어린 양이나 어린 염소나 송아지에게 있지 않다. 누구에게 그 권세가 있는가? 누가 어떻게 해야 그 일들이 가능할까? 그것은 이리와 표범과 사자와 곰과 독사가 낮아져야만 가능하다. 그들이 머리를 숙이고 겸손해져야 하는 것이다.

이리가 어린 양과 함께 살려면 어떻게 해야 하는가? 첫째, 어린 양을 사랑해야 한다. 어린 양이 먹이가 아니라는 것을 알아야 한다. 어린 양을 존중해줘야 한다. 사랑은 우리의 존재 가치를 바꾼다. 사랑하면 어떤 일이 일어나는가? 주님이 "너희를 친구라고 부르겠다"라고 하셨다. 우리는 주님의 친구가 될 수 없는 존재인데 주님이 너는 내 친구라고 하셨다. 무슨 말인가? 원수 같은 나를 친구로 삼으셨다는 것이다. 나를 다르게 보고 계신다는 것이다. 주님이 원수 같은 나를 신부로 삼으시고 사랑의 존재로 바꾸시겠다는 것이다.

우리가 사랑을 하면 어떤 일이 일어나는가? 당신 앞에 있는 대상이 바뀌기 시작한다. 그것이 사랑의 힘이다. 원수가 친구가 되고, 신부가 된다. 어린 양은 원래 사자에게 먹히는 대상이다. 그러나 사자가 어린 양을 사랑하면 어린 양을 먹이의 대상으로 보지 않고, 존중의 대상으로 보게 된다. 예수님을 보라. 예수님이 이 땅에 오셔서 궁극적으로 하신 일이 무엇인가? 십자가에 달려 돌아가시기 전에 예수님이 이 땅에서 제자들에게 마지막으로 보여주신 것은 어떤 능력이나 기적이 아니다. 하늘의 군대를 통솔하시는 가장 높은 예수님이 우리에게 보여주신 마지막 행동은 제자들의 발을 씻어주신 것이다. 그분은 낮아지셨다. 사랑의 실제를 보여주셨다. 사랑 그 자체가 되셨다. 섬김으로 그 사랑을 보여주시고 직접 낮아지신 것이다. 이것이 사랑이다.

예수님은 자기 안에 있는 권위를 허무셨다. 자기 안에 있는 높은 산들을 허무신 것이다. 친히 낮은 곳으로 가셔서 원수와 같은 우리의 발을 씻겨주셨다. 이것이 실제 우리가 경험해야 할 사랑이다. 우리는 이 실제에 도전해야 한다. 그래야 우리가 사랑을 경험할 수 있다. 말과 혀로만 하는 사랑이 아니다. 이제 우리 안에 있는 교만의 장벽들을 내리고 사랑의 실제로 들어가야 한다. 용납할 수 없는 사람에게 가는 것이 사랑이다. 그것이 주님이 우리에게 가르쳐주고자 하신 진짜 사랑이다.

둘째, 스스로 발톱을 깎아야 한다. 사자의 발톱이 그대로인 채 어린 양과 어깨동무를 해보라. 사자가 아무리 좋은 마음으로 어깨동무를 해도 그 자체가 치명타다. 어깨동무하는 순간 어린 양이 피를 철철 흘리게 된다. 어린 양은 약한 존재다. 발톱이 날카로우면 큰일이다. 사자가 그 자체로 흉기가 되는 날카로운 발톱과 이빨을 무디게 한다는 것은 배려하는 것이다. 사랑은 배려이다. 예수님이 하늘의 군단을 거느리고 오셔서 "나를 따르라"라고 호통하셨는가? 예수님은 그렇게 하지 않으셨다. 목수의 아들로 겸손하게 우리의 연약함 안으로 오셨다. 사자와 같으신 분이 어린 양과 같은 연약한 우리와 공존하셨다. 그 능력이 바로 사랑이다.

진정한 하나님나라의 모습을 완벽하게 이루신 분이 예수님이다. 예수님 안에는 사자와 어린 양이 함께 있다. 예수님은 세상 죄를 지고 가는 하나님의 어린 양의 모습으로 오셨다. 곤욕을 당하여 괴롭지만 그 입을 열지 않고 도수장으로 끌려가는 어린 양으로 오셨다. 그러나 예수님은 악한 영에 대해서 단호히 사자의 모습을 하셨다. 예수님 안에서 사자와 어린 양이 완벽하게 공존한다. 그러면 우리는 언제 사자가 되는가? 우리는 내 기분을 상하게 하는 별것 아닌 일로 사자가 된다. 그리고 우리는 어린 양과 사자가 시시때때로 바뀐다. 그러나 이제 나의 친구와 이웃에게 끝까지 어린 양이 되기로 결정해야 한다.

사랑은 짐승이 되는 것이라는 말처럼 내가 그 어린 양이 되기로 결정해야 한다. 우리는 발톱을 꺼내면 안 된다. 발톱은 악한 영에 대해서만 꺼내야 한다. 우리는 서로 사랑하고 존중해야 한다. 서로의 발을 씻겨주며 섬겨야 한다. 그 일이 예수님 안에서 일어난 일들이다.

2. 어울림

하나님나라의 특징은 '어울림'이다. 하나님의 나라는 사자만 있거나 어린 양만 있는 나라가 아니다. 그렇게 획일화된 나라는 바벨탑이다. 바벨탑은 똑같은 벽돌을 찍어서 만들었다. 사자를 만들어내는 사회는 계속해서 사자만 찍어낼 것이다. 공장에서 빵 찍어내듯이 말이다. 세상은 뭐라고 하는가? 기준을 정해놓고 똑같이 맞추라고 한다. 이것이 획일화된 교육이다. 개개인의 개성을 무시하고 사회가 요구하는 사람만 계속 나오는 것이다. 후진 국일수록 성숙하지 않은 사회일수록 직업에 귀천이 있다. 선진국 은 그렇지 않다. 작은 자나 큰 자나 함께 어울린다. 차별이 없다.

당신은 그 자체로 하나님나라에 어울리는 존재다. 우리의 부르 심 자체가 하나님나라에 어울린다는 말이다. 직업에는 귀천이 없 다. 어떤 사람은 정치인으로 부르셨고, 어떤 사람은 교육자로 부 르셨다. 어떤 사람은 작은 그릇으로 부르셨고, 어떤 사람은 큰 그 릇으로 부르셨다. 큰 그릇이라고 해서 하나님이 더 사랑하시는 것이 아니다. 하나님은 오직 충성된 자를 사랑하신다. 이것을 믿 기 바란다. 이전 세대에서 이루지 못했다면 다음세대에는 차별 없는 하나님나라를 만들어야 한다. 그 실제적인 나라가 다음세대 에 임하기를 주님의 이름으로 축복한다. 서로 존중하고 세워주고 차별이 없어야 한다. 곧 그 일들이 일어날 것이다. 그것이 하나님 나라의 복음이고, 하나님나라는 결국 확장될 것이기 때문이다.

어울려야 한다. 높은 것과 낮은 것이 함께 어울려 있어야 재미 있다. 호주에서 끝없이 펼쳐지는 들판만 보다가 한국의 자연을 보면 놀라게 된다. 한국에는 높은 산도 있고 낮은 골짜기도 있다. 오목조목하다. 조금만 가면 논밭이 있고, 조금만 가면 산이 있고, 강이 있다. 그런데 몇 시간을 달려도 계속 들판이라면, 인생에 어 떤 굴곡도 없다면 지루하기 짝이 없는 인생일 것이다. 이해되는가? 하나님나라는 아름답다. 조화를 이루어야 한다. 약한 자도 존중받아야 하고, 강한 자에게도 부르심이 있다. 각자 어린 양이나 사자의 역할이 있다. 그것이 조화를 이루는 나라다. 각자의 부르심이 있다. 이것이 진짜 멋진 것이다. 그것을 찾아가기 바란다. 각자 영역 가운데 일으켜야 할 하나님나라가 있음을 믿기 바란다. 일어나서 조화를 이루어야 한다. 조화를 이룰 수 없는 사람들과 어울려 조화를 이루어야 한다. 그 사람이 들어가면 그가 피스메이커(peacemaker)가 되어 조화가 이루어지고 막힌 것이 뚫리는 것, 그것이 하나님나라다.

은총적 사고

이 하나님나라가 오기 위해서 우리에게 은총적 사고가 필요하다. 이 사랑의 사고가 바로 팔복의 마음이다. 팔복은 마음이 가난하고, 애통하고, 온유하고, 의에 주리고 목마르고, 불쌍히 여기는 마음들이다. 팔복은 하나님나라의 성품을 이야기하는 것이다. 그 성품의 뿌리가 사랑이다. 그러니까 하나님나라의 사고를 가진 자들은 갈등, 경쟁, 시기, 질투의 눈으로 사람을 보지 않는다. 그렇지만 보통 어떻게 하는가? 복수한다. 왜 그런가? 내가 억울한 일을 당했으니 갚아줘야 하는 것이다. 눈에는 눈으로, 이에는 이로 갚는 것이 율법이다. 예수님은 이 땅에 오셔서 이것을 '은혜의 법'

으로 바꾸셨다. 이것은 더 큰 능력이다. 우리에게 오 리를 가자고 하면 십 리를 가주는 더 큰 능력이 부어지기를 축복한다. 그럴 때 하나님나라가 온다. 사람들이 하나님을 알게 되고 보게 되는 것이다.

어떤 일이든 갈등 구조로만 보던 사람들이 은총적 사고를 하게 되면 이제 그것을 긍휼함과 애통함으로 바라보기 시작한다. 한번은 어떤 선교사님이 내게 부탁을 했다. 처음에는 기쁜 마음으로 섬겼다. 두 번째도 섬겼다. 세 번째도 부탁하셔서 또 섬겼다. 그런데 '이 정도면 됐겠지' 싶었는데 너무 당당하게 계속 요구하시는 모습에 속으로 시험이 들기 시작했다. 네 번째 요구에 마음이 너무 힘들고 불편했다. 내 사랑의 한계를 본 것이다. 그때 주님이 내게 물으셨다.

"지훈아, 은총적 사고가 무엇이냐?"

계속해서 요구하는 선교사님의 겉모습만 봤을 때는 알 수 없었는데, 그 분이 처한 환경을 보자 '그럴 수밖에 없구나' 하고 이해하게 되었다. 이 차이를 알겠는가? 내가 그 분의 '요구'에만 집중하지 않고, 그가 그럴 수밖에 없는 환경에 있음을 이해하게 되자 어떻게 바뀌었을까? "더 해드려야겠다! 나라도 그랬을 것이다!" 이렇게 이해하게 되었다. 우리 안에 이 일들이 일어나기를 바란다. 바뀌어야 한다. 같은 것을 봐도 우리는 이해해야 한다. "그럴 수밖에 없을 것 알아." 이것이 은총적 사고다. 우리는 여기에 도전해야 된다.

내가 불편하고 나와 안 맞는다고 하지 말고 이해하려고 해야 한다. 그런 마음이 들 때 "나사렛 예수 이름으로 명하노니 내 안에 있는 이 부정적인 생각, 시기, 질투, 남을 미워하는 마음은 떠나갈지어다" 하고 선포해야 하는 것이다. 하나님나라에는 그런 마음이 없다고 선포해야 한다. 이겨야 된다. 그때 하나님나라가 임하게 된다. 끝까지 사랑만 하자. 사랑을 선택하자. 당신 안에 회복이 임하고, 막힌 담들이 무너지고, 조화로운 일들이 일어나기를 바란다.

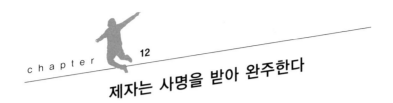

chapter 12

제자는 사명을 받아 완주한다

●사도행전 20:24

이 시대의 교회 안에 사명에 대한 강력한 오해가 있다.

내가 달려갈 길과 주 예수께 받은 사명 곧 하나님의 은혜의 복음을
증언하는 일을 마치려 함에는 나의 생명조차 조금도 귀한 것으로 여
기지 아니하노라 행 20:24

이것이 하나님의 복음을 들고 엄청난 속도로 달렸던 제자들의
중심에 있는 고백이다. 사명에 대한 고백이다. 제자가 누구인가?
제자란 무엇일까? 군중과 제자는 딱 하나가 다르다. 제자에게는
사명이 있다. 예수님께서 제자를 부르실 때 그냥 부르신 것이 아
니다. 그에게 분명한 목적이 있으셨다. 주님이 베드로와 그의 형
제 안드레를 부르실 때 분명한 목적을 가지고 계셨다.

사명이 있는 사람이 제자다

말씀하시되 나를 따라오라 내가 너희를 사람을 낚는 어부가 되게 하
리라 하시니 그들이 곧 그물을 버려 두고 예수를 따르니라

마 4:19-20

그냥 부르신 것이 아니다. 제자에게는 사명이 있다. 그것이 제
자와 군중의 가장 큰 차이다. "나는 군중인가, 제자인가?" 질문해
봐야 한다. "나는 지금 군중의 단계인가, 제자의 단계인가?" 예수
님이 제자를 부르신 후 훈련을 시키신다. 곧바로 사역에 투입한
것이 아니라 훈련하는 이유가 무엇인가? 사명이 있기 때문이다.
군중들은 훈련시키지 않으셨다. 그러나 제자들은 훈련시키셨다.
그래서 '제자훈련'이라는 말을 많이 한다. 제자에게는 사명이 있
기 때문이다. 사명이란 반드시 이루어야 할 임무를 말한다.

그런데 오늘날 제자훈련을 자아성찰적인 개념으로 보는 사람
들이 있는 것 같다. 좀 더 나은 세계관이나 가치관을 얻는 훈련이
라고 생각하는 것이다. 그러나 결코 그렇지 않다. 그런 것은 다른
종교에도 있다. 더 나은 가치관과 세계관, 좀 더 나은 삶, 의미 있
는 삶과 같은 주제는 타 종교에서도 자주 다룬다. 그런 자기계발
서 또한 많다. '예수님'이나 '기독교'라는 단어를 빼고 좀 더 나은

삶에 대해 이야기하는 책들이 이 세상에 너무 많다. 이것은 제자 훈련이 아니다.

그렇다면 제자훈련이란 무엇인가? 제자훈련은 사명을 완수하기 위한 훈련이다. 사명이 빠지니까 제자훈련의 개념이 이상해지는 것이다. 도대체 내가 생명의 말씀을 듣고 있는지, 자기계발 강의를 듣고 있는지 헷갈리는 것이다. 내가 종교, 명상, 철학을 듣고 있는지 복음을 듣고 있는지 구분이 안 되는 것이다. 그것은 단연코 사명의 차이다. 제자가 되려면 치유와 회복에서 끝나면 안 되고, 그다음 단계로 나아가야 한다. 자기 자신에서 이웃을 향해 나아가고, 첫째 계명에서 둘째 계명으로 나아가고, 성장과 성숙을 동시에 이루어가는 것이 제자가 된다는 것이다. 이것이 바로 그리스도인의 삶이다.

인생의 출구, 끝에 대한 문제

계속해서 이루어가는 것을 '경주'(競走)라고 한다. 계속해서 나아가는 것이다. 우리의 경주는 향방 없는 것이 아니다. 요즘은 속도의 시대임을 누누이 강조한다. 전 세계적으로 속도 자체가 빨라졌다. 여러 기술의 발전으로 변화의 속도가 엄청나다. 이 변화로 어지러울 지경이다. 그런데 문제는 무엇인가? 그렇게 빨리 달려가지만 어디로 가는지 모른다는 것이다. 분명히 어딘가로 가는 것 같은데 그 끝에 대한 확신이 없다. 많은 예측들이 나오지만 사실과 다르다. 그래서 이 시대를 불확실성의 시대라고 하는 것이다. 오늘의 교회와 청년들이 이런 시대에 살고 있다.

그런데 속도보다 중요한 것이 있다. 바로 방향성이다. 방향성이 있다는 것은 끝이 있다는 것이다. 끝이 분명하고 그 끝을 아는 것이다. 어디로 가야 하는지 알고 그 출구를 아는 것이다. 이 세상에 태어난 것을 입구라고 할 때, 인생의 출구가 없다고 생각해 보라. 어떻게 될까? 출구가 없는 인생은 아무리 노력해도 원점이다. 이것이 바로 허무함이다. 허무를 경험한 사람들과 상담을 해 보면 열심히 노력해서 달려가고 성취하고 올라왔지만 아무것도 없다고 느낀다. 결국 원점이라는 것이다. 현대인들 안에 이 괴리에서 오는 엄청난 공허함이 있다.

젊은이들 안에 열정과 의욕이 사라져가는 이유는 꿈을 꾸지 못하기 때문이다. 꿈을 꿀 수 없다는 것이 이 시대의 비극이다. 시대가 꿈과 비전을 허용하지 않는다. 그러니까 삶의 의욕이 사라진다. 우리나라는 땅덩어리가 작아서 경쟁이 더 치열하다. 꿈은 고사하고 먹고사는 것조차 힘들다. 모든 것이 경쟁 문화이고, 그것이 우리의 세계관 안에 들어와 있어서 어렵고 힘들다. 내가 생각할 때 한국은 '모 아니면 도'다. 한국은 자살률이 높다. 노력해도 안 된다는 깊은 허무가 있다. 그런데 반면에 이런 데서 진짜 혁신가들이 나온다. 둘 중 하나다. 중간이 없다. 이런 극한의 환경이 첨단 국가라는 한국의 현실이자 교회가 처해 있는 현실이기도 하다. 출구가 없다.

임종을 앞두고 병상에 누워 있는 사람에게 가장 중요한 이야기가 무엇일까? 성공이나 돈인가? 자동차인가? 아니면 집인가? 명예나 권력인가? 마지막 출구 앞에 있는 그 사람에게 가장 중요한 단어는 '천국'이 아닐까? 여기가 끝이 아니라는 것이다. 어떤 사람이라도 이 출구 앞에 서게 된다. 지위의 높고 낮음과 인종을 막론하고 모든 사람이 이 출구에 서게 된다. 이 문제가 해결되는 것이 중요하다.

인간 안에는 두려움의 문제가 있다. 본질적이고 궁극적인 두려움이다. 그러나 환경으로부터 오는 두려움, 관계로부터 오는 두려움도 있다. 나에게도 있다. 하지만 그것은 환경이나 관계의 문제가 해결되면 해결이 되는 두려움이다. 환경과 관계로도 해결이 안 되는 두려움들이 있다. 하나님께서 은혜를 주셔서 세상의 눈으로 보기에 성공한 사람들을 많이 만나봤다. 그런데 한 사람도 자기 삶에 만족하는 사람이 없었다. 돈과 권력과 힘으로 해결할 수 없는 궁극적인 두려움이 있었다. 그것은 죽음의 문제였다.

C. S. 루이스 같은 사람이 나온 것은 죽음, 끝에 대한 고민 때문이다. 《반지의 제왕》의 작가 J. R. R. 톨킨 역시 최고의 가치를 고

민한 사람이다. 거기서 역작들이 나오는 것이다. 이 땅에서 가장 성공한 사업가가 누구일까? 만약에 죽음을 이긴 사람이 있다면? 어떤 사람이 신약 개발에 성공하여 죽음의 문제를 해결한다면 단번에 빌 게이츠처럼 되지 않을까? 왜 그런가? 최고의 문제이기 때문이다. 인간은 영원히 사는 것을 고민한다. 이 엄청난 고민들이 실제로 이루어지고 있다. 공상 과학 영화가 아니다. 그런 고민을 하는 사람들과 기업들이 생겨난다. 출구, 곧 끝에 대한 문제다. 이 문제가 해결되지 않으니까 성공해도 두렵고 불안한 것이다.

확신 있는 제자

그런데 제자가 된다는 것은 그 끝을 아는 것이다. 이것이 구원관이다. 제자들에게는 이 구원관이 있었다. 내 인생이 어디로 가고 있고 이 인류가 어디로 가는지, 예수님이 오셔서 어떤 문제를 해결하셨는지 제자들은 정확히 알고 있다. 이것이 사명이다. 끝을 보는 마음, 내가 어디로 가야 하는지를 아는 마음이다. 끝을 안다는 것은 굉장한 힘이다. 나는 롤러코스터 같은 놀이기구 타기를 좋아한다. 스릴이 넘친다. 롤러코스터를 타고 올라갈 때 가슴이 마구 두근거리고 긴장이 된다. 최고로 긴장이 될 때가 높이 올라갈 때다. 꽤 높이 올라갔다가 내려올 때 엄청나게 소리를 지른다.

그런데 그 위에서 위안이 되는 것이 하나 있다. 이제 1분만 견디면 끝난다는 것이다. 끝이 있다! 그런데 내가 계속 롤러코스터를 타고 있다면 얼마나 비극적일까? 같이 간 사역자들은 하나같이 강심장이었다. 롤러코스터 위에서 표정을 유지하며 사진도 찍었다. 끝을 아니까 안심이 되는 것이다. 끝을 안다는 것은 이렇게 어마어마한 안정감을 준다. 당신의 인생 가운데 이 끝을 아는 축복이 있다. 이것이 힘이다. 그러므로 끝을 아는 사람들에게 열정이 일어난다.

죽음의 문제에 대해 한 가지만 더 나누겠다. 죽음이라는 끝의 문제를 꼭 그때 가봐야 알겠는가? 그것은 너무 어리석다. 꼭 가봐야 아는가? 있다는 것을 알면서 꼭 가봐야 알겠는가? 그렇지 않다. 가보기 전에 그것을 믿는 것이 믿음이다. 이것이 굉장히 중요하다. 끝을 아는 사람에게는 열정이 일어나고 모든 것이 분명해진다. 내가 무엇을 하고 어디로 가야 하는지에 대한 이유가 분명하다. 그 이유를 찾은 사람은 확신이 있다.

내가 어디로 가는지 알고 그 끝을 아는 사람이다. 그 길에 풍랑도 있고 어려움도 있지만, 내가 어디로 가고 있는지 그 종착지를 알기 때문에 확신이 있다. 확신이 있으면 어떤 어려움도 견딜 수 있다. 불확실하니까 문제인 것이다. 이 불확실한 시대에 우리가 확신을 가진다면 이 세상에서도 성공하는 동력이 된다. 이것은 기쁜 소식이다! 우리는 이 불확실한 시대에 확신을 가질 수 있는 유일한 하나님의 사람들이다. 당신의 끝이 축복이라는 사실을 믿기 바란다. 믿는가? 그것이 확신이다.

하나님이 이스라엘 백성들을 출애굽하실 때 그들이 어디로 가야 할지를 보여주셨다. 그들을 막연하게 부르지 않으셨다. 출애굽의 끝은 '가나안'이었다. 가나안 땅은 실제로 존재했고, 그들은 그곳에 들어갔다. 그 힘이 모세와 여호수아가 광야를 견딜 수 있었던 이유였다. 끝에 있는 그림이 그들에게 확신이 되었기 때문이다. 이렇게 한 번 선포해보라. "포기하지 마라. 너는 반드시 승리한다!" 단, 조건이 있다. 사명을 발견할 때 그렇다! 주님이 제자들을 부르시고 그들에게 사명을 알려주셨다. 제자들이 가야 할 곳과 완수해야 할 일을 미리 보여주신 것이다.

끝을 모르고 사는 사람들의 특징

두려움과 불안함이 우리를 어렵고 힘들게 한다. 목사도 그렇게 느낄 때가 있다. 불안함과 두려움의 문제가 항상 우리 안에 있다. 이 불안함의 정체는 끝을 모르고 산다는 것이다. 끝을 모르고 사는 사람들에게는 두 가지 특징이 있다. 하나는 교만이자 과도한 자기 확신이고, 다른 하나는 열등감이다.

1. 교만

그런즉 선 줄로 생각하는 자는 넘어질까 조심하라 고전 10:12

교만한 사람에게는 끝이 보이지 않는다. 자기가 지금 정점이라고 생각한다. 끝을 모르기 때문에 오늘 자신의 성공 뒤를 보지 못하는 것이다. 이런 사람들이 많다. 성경은 이런 사람을 가리켜 어리석다고 말한다. 지금이 전부인 줄 알고 계절이 바뀌는 것을 모른다. 봄이 지나면 여름이 오고 그다음에 가을이 있고 그 뒤에 반드시 겨울이 있는데, 마치 없는 줄 아는 것이다. 하지만 반드시 있다.

인생은 하나의 그래프와 같다. 높아질 때가 있고 낮아질 때가 있고 그렇지 않을 때가 있다. 성숙한 사람은 진동을 적게 느끼고, 미성숙한 사람은 그 진동을 크게 느낀다. 미성숙한 사람들은 대개 감정의 기복이 심하다. 예전에 수련회를 다녀온 후 그 은혜가 3개월은 유지되었는데 지금은 수련회를 다녀와도 3일 만에 가라앉는다. 반면에 성숙한 사람은 진동 폭이 있지만 그 폭을 압축 파일로 확 줄인다. 그래서 선(線)처럼 만든다. 그 안에 굉장한 진동이 있어도 자기 절제와 통제로 유지한다. 이것이 성령의 능력이다. 예수님은 이런 진동의 폭이 전혀 없던 분이시다. 그래서 주님이 항상 우리에게 모델이 되시는 것이다. 당신의 진동 폭은 어떤가?

교만한 사람은 이를 끝까지 모른다. 자신의 절정기가 계속될 것이라고 생각한다. 젊음 이후에 늙음이 있다. 그것을 아는 것이 인생이다. 내가 정상에 올라갔고 인기가 있어도 내려올 때가 있음을 알고 받아들이는 것이다. 그러니까 준비하는 것이다. 이것이 성경에서 말하는 지혜다. 멀리 보는 것이다. 내 상태에 갇혀 있는 것이 아니라 멀리 보는 눈이 지혜다. 이 지혜가 당신에게 있기를 주님의 이름으로 축복한다.

내일이 안 보이고 지금이 영원하리라 생각하는 것이 교만이다. 그런데 그 결과가 어떤가? 추락하는 것이다. 추락하는 것에는 날개가 없다. 엄청난 속도로 곤두박질친다. 우리는 겸손해야 한다. 성공할수록, 힘이 있을수록 겸손해야 한다. 그래야 좋은 향기가 난다. 반대로 교만한 사람 옆에 가면 악취가 난다. 변화를 거부하기 때문이다.

2. 열등감

둘째, 정반대 열등감으로 나타난다. 열등감의 뿌리는 불안함이다. 무엇을 해도 자신이 없고 만족이 없다. 자신이 없어서 도전하지 않는다. 열등감을 느끼는 사람의 특징 중 하나는 추상적인 삶을 산다는 것이다. 현실과 이상의 괴리감이 크다. 비전과 이상은 엄청나다. 자기가 꿈꾸고 이루고자 하는 생각이 대단하다. 그런데 현실에서 모든 것이 부딪친다. 그 부딪침을 싫어한다. 열등감은 한마디로 나약함이다. 이 나약함이 현실이 아닌 추상적인 세계에 살게 한다. 관념 속에서 살면 실제가 없고, 어려움이 올 때마다 포기해버리고 만다.

"나 안 해. 나는 못해."

아무리 어마어마한 비전과 꿈을 나눠도 현실에서 포기해버린다. 우리 교회에 주님이 열방을 섬기라는 비전을 주셨다. 큰 비전이자 꿈이다. 그런데 모든 것이 부딪친다. 나약하고 열등감이 있으면 쉽게 포기한다. 그 부딪침이 싫은 것이다. 부딪침을 좋아하는 사람이 누가 있는가? 그런데 부딪치지 않고는 이 세상을 살 수가 없다. 그래서 나는 거룩한 부딪침이 있기를 바란다. 하나님나라가 이 땅에 어떻게 왔는가? 충돌하면서 왔다. 그냥 오지 않았다. 예수님이 가진 하늘의 가치가 이 땅에 있는 종교인들과 충돌했다. 잘못된 것들과 충돌했다. 부딪침이 있는 것이다. 개혁은 어디서 일어나는가? 그 부딪침에서 일어난다. 혁신가들은 부딪치는 사람들이다. 문을 여는 사람들은 부딪치는 사람들이다. 그 사람들이 새로운 문을 연다.

애플의 창업자 스티브 잡스는 부딪친 사람이었다. 사도행전의 모든 이야기에 충돌이 있다. 쉬웠는가? 가는 곳마다 평정함이 일어났는가? 아니다. 가는 곳마다 부딪침이 있었다. 그렇지만 그들이 달릴 수 있었던 이유는 무엇인가? 제자들이 교만과 열등감에 빠지지 않고 겸손할 수 있었던 이유, 끝까지 그 충돌을 통과하고 이겨낼 수 있었던 이유는 분명하다. 그들에게 사명이 있었기 때문이다. 내가 어디로 가야 하는지 알고 있었기 때문이다. 내가 무엇을 이루어야 하는지 헷갈리지 않았기 때문이다. 분명하기 때문에 그들은 끝까지 달릴 수 있었다.

사명은 건강한 자아상이 있는 사람에게 있다. 열등감이 있거나 교만하면 하나님의 뜻을 전할 수 없다. 건강한 자아상을 갖는 방법은 딱 하나, 주님을 믿는 것이다. 나의 상태를 보는 것이 아니라 주님이 하신 일을 믿는 것이다. 주님이 이미 우리를 회복하셨다는 사실을 믿기 바란다. 내가 하나님의 자녀임을 믿을 때, 하나님의 뜻과 사명을 받을 수 있다.

사명에 대한 오해

사명에 대한 강력한 오해가 있다. 왜 우리에게 사명이 없는가?

1. 사명을 행위로 생각하니까 부담스럽다

사명은 행위가 아니다. 사명은 끝을 보는 본질의 문제다. 사명은 내가 이루어야 한다는 책임감과 의무감이 아니다. 본질을 보는 눈이다. 처음을 봤으면 끝을 봐야 모양이 잡힌다. 이것이 본질이다. 처음을 봤는데 끝을 보지 않는다면 무슨 모양인지 모른다. 마이크를 스캔할 때도 처음과 끝을 다 스캔해야 마이크 모양이 나온다. 시작이 있고 끝이 있어야 한다. 처음과 끝이 없으면 불확실한 것이다. 사명이 본질이라는 사실을 기억하기 바란다. 끝을 보는 것은 본질이다.

2. 사명을 비전과 혼동한다

사명은 비전을 이루는 마음가짐이다. 사명은 변하지 않는다. 사명을 가진 자의 사명이 변한다는 것은 말이 안 된다. 사명은 절대로 변하지 않는다. 우리 교회는 캄보디아 지역을 비전으로 바라보고 선교한다. 사명이다. 그러다가 중동 지역을 보았다. 비전이 바뀌었다. 그래서 중동 지역을 선교한다. 이것이 사명이다. 비전과 사명은 항상 같이 간다. 비전이 있는데 사명이 없다면 가짜다. 다시 정리하기 바란다.

어떤 사람의 부르심과 사명이 변한다는 것은 결국 비전이 없다는 뜻이다. 우리 가운데 사명을 가진 제자들이 일어나야 한다. 그들이 세상을 바꾸고 그들에 의해 하나님나라가 오게 해달라고 기도했다. 제자들이 일어난다는 것은 하나님나라가 온다는 것이다.

우리의 가정과 일터에, 우리의 비전과 인생에 하나님나라가 오면 끝나는 것이다. 이것을 사모하기 바란다. 그래서 제자가 되는 것이다. 자아 성찰을 위해 제자가 되는 것이 아니다. 다른 생각을 가진 남다른 존재가 되기 위해 제자가 되는 것이 아니다. 제자는 하나님나라의 실제가 오게 한다. 거기에는 분쟁이 없고, 갈등이 없고, 해함도 없다. 우리 안에 막연한 나라가 아니라 그 하나님나라가 오는 것이 중요하다.

3. 사명은 경주가 아니라 완주다

내가 달려갈 길과 주 예수께 받은 사명 곧 하나님의 은혜의 복음을 증언하는 일을 마치려 함에는 나의 생명조차 조금도 귀한 것으로 여기지 아니하노라 행 20:24

제자들은 사명을 맡은 자들이다. 이 말씀에서 '사명'과 '마치려 함에는'을 함께 봐야 한다. 사명은 마치는 일과 함께 가는 것이다. 사명은 끝마쳐야 한다. 그것이 복된 인생이다. 세상은 이것을 '목적'이라고 이야기한다. 똑같은 개념이다. 목적은 내 뜻일 수 있다. 또 '목적이 이끄는 삶'이라고 말한다. 그것이 없으면 세상도 끝났다고 한다. 목적이 없는 사람들은 벌써 눈빛이 흐릿하다. 흐리멍덩한 사람은 절대 세상에서 성공할 수 없다. 그런데 사명과 목적의 차이가 있다. 목적은 내가 만든 것이지만, 사명은 주님이 주신 것이다. 주님의 명령이다. 이루어내야 하는 것이다. 이를테면 부모의 마음인 것이다. 하나님이 나에게 자식을 주셨다. 내 자식이다. 이 자식을 잘 키워야 하는 것이 부모의 사명이다. 부모에게 이 사명이 없다면 부모 자격이 없는 것이다. 당연하다. 사명은 본질의 문제이기 때문이다.

우리가 하나님의 뜻대로 부르심을 받았다면 사명이 있는 것이다. 주님은 그냥 부르지 않으셨다. 어떤 존재든 의미가 있고 이유가 있다. 목적이 있다. 그것을 발견하는 것이 사명이다. 그런데 사람들이 이 사명을 그저 단순한 경주라고 생각한다. 신문사에서 주최하는 10킬로미터 건강 마라톤 정도로 생각한다. 그러니까 목숨을 걸고 뛰지 않는다. 말씀을 다시 보면 바울은 "나의 생명조차 조금도 귀한 것으로 여기지 아니하노라"라고 했다. 10킬로미터 마라톤 대회에 참가하는 사람이 목숨 걸고 뛴다는 소리를 들어봤는가? 참가하는 데 의의를 둔다. 대회에 나가기 전에 "나는 오늘 내 생명을 아끼지 않고 10킬로미터를 완주하리라"라고 말하는 사람을 봤는가? 그것은 취미에 불과하다.

그렇다면 누가 목숨을 걸고 뛰는가? 올림픽이나 세계선수권대회에서 뛰는 선수들, 영광을 향하여 뛰는 선수들이다. 그들 뒤에 누가 있는가? 국민이 있고 나라가 있다. 이들이 금메달을 따려면 어떻게 뛰어야 할까? 올림픽 마라톤에서 금메달을 따려면 42.195킬로미터를 100미터 평균 17초 이내로 계속 뛰어야 한다. 숨이 턱까지 차는 것이다. 사점(死點)이 있지만 그것을 견디면서 뛴다. 게다가 나보다 더 빨리 뛰는 사람이 있으면 너무 힘들다. 마라톤을 완주하고 나면 몸무게가 평균 5-7킬로그램이 빠진다고 한다. 그 정도로 장시간 전력질주를 하는 것이다. 이것이 사명이다. 완주해야 한다. 베를린 올림픽 마라톤에서 우승한 손기정 선수가 그냥 뛰었겠는가? 꼭 완주한다는 마음으로 뛴 것이다.

하나님나라의 사명을 받은 제자들은 내가 이 사명을 완주해야 한다는 마음가짐이 있어야 한다. 교회는 동호회가 아니다. 마라톤 동호회나 취미 모임이 아니다. 교회는 군대다. 사명은 완수해야 하는 것이다. 이것이 하나님나라의 교회다. 이것을 모르니까 교회가 동호회나 취미생활 하는 곳처럼 바뀌는 것이다. 교회와 세상의 경계선이 무너진다.

4. 사명 없는 교회는 변질된다

예수님은 정체성과 사명을 잃은 교회를 향해 뭐라고 하셨는가? 강도의 굴혈이 되었다고 하셨다. 예수님이 성전 안에서 장사하는 사람들의 상을 둘러 엎으신 이유가 무엇인가? 변질되었다는 것이다. 사명은 달려야 할 의미를 찾는 것이다. 왜 달리는지, 어디로 달리는지 그 의미를 알 때 존재 가치가 있는 것이다. 아버지라는 존재가 있다. 이 아버지의 존재 가치가 언제 생길까? 방금 아이를 낳은 사람은 모른다. 그런데 아이를 키우면서 알게 된다. 아버지로서의 사명을 발견하는 것은 아버지의 의미를 안다는 것이다. 그때 아버지의 존재 가치가 무엇인지 어렴풋이 알게 된다. '이것이 아버지구나.' 내가 사명을 가지고 뛰어볼 때 비로소 제자로서의 정체성(존재감)을 알게 된다는 사실이다. 이것은 굉장히 중요하다.

초심을 지키는 것이 저력이다

그렇다면 사명이 변질되는 시점이 언제인가? 나도 목사지만 처음에는 아주 열심히 달리다가 어느 순간 변질되고 넘어지는 목사님들이 있다. 확실히 말할 수 있다. 그 분에게 사명이 없어진 순간이다. 존재의 가치가 변하는 것이다. 아무리 맛있는 꿀 사과라도 변질되는 시점이 있다. 영속되지 않는다는 것이다. 마찬가지다. 우리도 사명을 잃어버릴 때 변질된다. 정체되고 썩는다. 사명은 내 영성의 신선함을 지켜준다. 그것이 바로 초심(初心)이다. 우리가 초심을 잃은 것이 변질이다. 국가도, 개인이나 정치인, 경제인도 초심을 잃을 그때 변질이 일어난다. 우리는 이 변질됨과 싸워야 한다. 그래야 이 경주를 완주할 수 있다.

나는 일본 오이타에 있는 우동 집에 갈 때마다 감동한다. 9년 전에 처음 갔는데, 작은 우동 집에 우락부락하게 생긴 아저씨가 뜨거운 물에 손을 넣었다 뺐다 하며 우동 면발을 준비한다. 먹는 순간 지금까지 내가 먹어본 우동은 우동이 아니었다는 것을 알게 된다. 이런 맛은 없었다. 너무 맛있어서 깜짝 놀랐다. 더 놀라운 사실은 처음 그 맛이 변하지 않았다는 것이다. 좁은 공간도 그대로다. 그런데 우리는 조금만 성공하면 벌써 말투가 달라지고 생각이 달라진다. 식재료도 바뀌어 옛날 그 맛이 아니다. 그러다가 망하는 것이다. 일본의 저력은 처음을 지키는 사람이 많다는 것이다. 처음 마음, 초심을 지키기 바란다.

사랑도 끝까지 가는 것이 사랑이다. 나는 아내에 대한 처음 마음을 지킬 뿐만 아니라 그 사랑이 커지고 있다. 아내는 나를 약간 귀찮아하는 것 같지만 내 마음은 증폭되고 있다. 이것이 정상이다. 처음 마음이 점점 증폭되는 것. 바울의 마지막 마음은 어땠을까? 베드로가 십자가에 거꾸로 매달려 순교할 때, 그의 마지막 마음이 어땠을까? 아마 '아, 이제 주님과 만난다. 내가 이 달려갈 길을 다 마쳤다'였을 것이다. 승리의 면류관을 쓰는 어마어마한 환희의 순간이다. 사명을 완수하는 자에게 주어지는 것은 환희이자 영광이다. 청년들 안에 이 불이 있기를 축복한다.

사명을 이룰 때까지 죽지 않는다

1. 사명을 이루기까지 포기하지 않는다

사명을 이룬다는 것은 그 과정에서 포기하지 않는 것을 의미한다. 하나님의 강력한 보호와 하나님의 은혜와 권능이 임하는 삶은 사명을 이루어가는 삶이다. 주님은 베드로를 제자로 부르셔서 사람을 낚는 어부로 만들겠다고 하셨다. 누가 만들어주는 것인가? 예수님이 만드셨다. 베드로는 넘어지고 예수님을 배반했다. 그때마다 예수님이 찾아가셔서 베드로를 일으키고 세우신다. 사명에 대한 오해가 바로 이것이다. 내가 무언가를 해야 한다고 생각하니까 어렵고 부담스러운 것이다. '내가 또 뭘 해야 하지?' 이것은 사탄이 만든 거짓말이다. 주님이 하신다. 그분이 다 이루신다!

사탄이 하는 말은 복음이 아니다. 율법이다. 이것이 예수의 이름으로 깨지기를 바란다. 내가 할 일은 주님을 사랑하고 사명을 이루겠다는 마음만 지키면 되는 것이다.

"주님, 부족하지만 저에게 그 마음을 주십시오."

돈을 번 다음에 주님의 일을 하겠다는 사람은 절대 킹덤 비즈니스를 하지 못한다. 돈이 없을 때도 해야 한다. 그러면 하나님이 이루어 가신다. 나는 선교에 대한 사명이 있었기 때문에 교회를 개척할 때부터 선교를 했다. 어느 정도 안정이 되고 나서 그다음에 선교를 한 것이 아니라 우리도 어렵지만 주님이 그 마음을 주셨기 때문에 사명이니까 감당하는 것이다. 다음세대에 대한 사명역시 마찬가지다. 어느 정도 지나서 하는 것이 아니다. 이것이 사명인 것이다. 사명은 주님이 이루어 가신다. 우리에게 사명만 있다면 하나님이 이루어 가실 것이다. 우리를 지키실 것이다. 우리가 사명을 이룰 때까지 절대 죽지 않는다. 사명을 붙잡기 바란다. 내가 있는 그 곳에서 하나님이 사명 주시기를 바란다면 하나님이 친히 그것을 이루어 가실 것이다.

주님이 일하신다. 사명을 이룬다는 것은 과정 가운데 포기하지 않는 것을 의미한다. 결코 실망하지 말라. 실망은 그 어떤 것도 해결하지 못하고 그 누구도 승리로 이끌지 못한다. 오직 주님을 신뢰하고 그분께 매달려라. 그러면 승리를 향한 전환점을 얻고, 문제를 극복하게 될 것이다. 포기하지 말라. 달려가라. 승리를 향한 전환점이 생긴다. 포기하고 싶은 마음이 있더라도 그 사명을 향해 달려가기를 바란다. 놀라운 사실은 전환점이 만들어진다는 사실이다. 이 전환점이 우리 인생 가운데 반드시 온다. 젊은 사람에게는 더 많이 온다. 그러므로 청년들이 가져야 할 마음가짐은 어떤 경우에도 포기하지 않는 것이다. 반드시 여러분의 인생 가운데 승리를 향한 터닝 포인트가 만들어진다는 것을 믿기 바란다.

2. 성령의 도움 없이는 끝까지 완주할 수 없다

오직 성령이 너희에게 임하시면 너희가 권능을 받고 예루살렘과 온
유대와 사마리아와 땅 끝까지 이르러 내 증인이 되리라 하시니라
행 1:8

우리의 힘으로는 사명을 이룰 수 없다. 사명을 이루시는 분은
주님이시다. 말씀대로 끝까지 가려면 성령의 권능이 있어야 한
다. 그러므로 성령을 구하라. 어렵고 힘들 때마다, 사명이 난관
에 문제에 부딪칠 때마다 왜 자기 자신을 묵상하는가? 주님이 성
령께 구하라고 말씀하셨다. 성령이 우리와 함께하신다. 지혜가
없는가? 성령께 구하라. 성령이 지혜를 주실 것이다. 아이디어가
없는가? 성령께 구하라. 성령이 아이디어를 주실 것이다. 힘이
없는가? 성령께 구하면 권능을 주실 것이다. 성령이 우리와 함께
하신다.

성령은 보혜사다. 돕는 분으로 우리와 함께하신다. 믿고 성령
을 구하기 바란다. 성령은 기도할 때 임한다. 기도의 영이 열려야
하는 것이다. 누구나 두 번째 단계의 문을 열어야 한다. 기도의
문으로 들어가 성령을 받아야 한다. 기도할 때 성령이 임하신다.
주님의 약속이기 때문이다.

3. 사랑이 있어야 끝까지 완주할 수 있다

끝까지 갈 수 있는 마음이 사랑이다. 그 사명의 모델이 바로 예수님이시다. 예수님이 이 땅에 오신 사명은 우리를 구원하시는 것이었다. 그분의 마지막 목적지는 십자가였다. 죽으러 가는 길이었다고 생각해보라. 만약 예수님이 의무감과 책임감 때문에 이 땅에 오셨다면 십자가는 절대 완성될 수 없었다. 사명은 의무감과 책임감이 아니다.

내가 아내와 의무감과 책임감 때문에 같이 사는가? 그보다 중요한 것이 있다. 그보다 본질적인 것이다. 그것은 바로 사랑이다. 하나님이 우리를 사랑하셔서 끝까지 가셨다. 십자가를 지셨다. 이것이 사랑의 힘이다. 사랑으로 못 넘을 것이 없고, 사랑으로 해결하지 못할 것이 없다. 사랑하면 달릴 수 있다. 부부 사이에 점검할 것이 사랑 말고 뭐가 있을까? 나머지는 다 부차적인 것이다. 주님을 사랑할 때 우리는 끝까지 갈 수 있다. 제자들이 목숨도 아끼지 않고 그분에게 갈 수 있었다. 그들이 사명을 완수할 수 있었던 이유는 오직 주님을 사랑하기 때문이다. 주님을 사랑하자. 온 힘을 다해 사랑하자. 사랑하는 자가 완주할 수 있다.

사랑으로 사명을 완수하라

내가 최근 결혼식 주례를 했던 신부의 아버지가 매우 위급했다. 서 있기도 힘든 상태라 결혼식장에는 못 오셨지만, 얼마나 이 딸을 사랑하고 결혼식에 오고 싶으셨는지, 결혼식장 바로 옆에 있는 호텔 방에 와 계셨다. 정작 딸의 결혼식에 가보지 못하면서 말이다. 그 이야기를 듣고 나는 결혼식을 마치고 난 뒤 찾아가 손을 잡아드렸다.

"우리 딸이 잘 살아야 되는데… 우리 딸이 축복받아야 되는데…."

그 아버지는 '내가 힘이 없어서 결혼식에 가지 못하지만 병원에 누워 있을 수는 없다. 호텔 방을 빌려서라도 옆에 있어야겠다'는 마음이었다. 그 분이 모든 정신을 모아 내게 물은 첫 질문은 "우리 딸 잘했습니까? 사람 많이 왔습니까?"였다.

"아주 잘했습니다. 사람도 많이 왔습니다."

내가 두 손을 꼭 붙잡고 말씀드렸다.

"아버님, 예수님이 함께하시니까 힘내세요!"

생각했던 것보다 더 안 좋은 상태였다. 병원에서도 며칠 남지 않았다고 진단했다. 그런데도 그는 아버지로서 마지막 책임감으로 '딸 옆에 서겠다! 서지 못하면 어떻게 해서든지 딸 옆에 있겠다'는 사랑이 그를 거기까지 가게 한 것이다. 이것이 사랑의 힘이다. 그리고 그 분은 그 임무를 완수하셨다.

며칠 후, 아버님이 위급하다는 연락을 받고 병원으로 달려가 마지막 기도를 해드렸다. 식구들이 다 모여 있을 때 내가 아버님의 손을 꼭 붙잡고 이야기했다.

"아버님, 정말 수고하셨습니다. 최선을 다하셨습니다. 끝까지 정말 수고하셨어요!"

그런데 그 분이 갑자기 눈을 번쩍 뜨셨다. 가족들이 모두 놀라서 "어? 아빠!" 하며 울며불며했다. 그때 자녀들이 "아빠, 힘내세요!"라고 하니까 그 분이 갑자기 엄지손가락을 치켜들고 힘을 낸다는 표시를 하셨다. 마지막으로 온 힘을 모아 가족들에게 그 힘을 보여주었다. 그러고는 다시 눈을 감으셨다. 나는 계속 기도하며 축복했다.

"이제 편히 쉬세요. 정말 수고하셨어요. 아버님, 이 출구가 끝이 아닙니다. 다음 단계로 나아가는 것입니다. 이제 천국으로 가는 겁니다!"

정말 아름다운 모습이었다. 암에 걸린 초췌한 모습이 아니라 진짜 향기롭고 아름다운 모습이었다. 신혼부부도 신혼여행을 간 지 3일 만에 귀국해서 아버지 옆을 지켰다. 이것이 사랑임을 깨달았다. 사랑은 추상적이지 않다. 사랑하는 자가 마지막까지 갈 수 있다. 우리 모두에게 이 사랑이 있기를 주님의 이름으로 축복한다.

결국 모든 것은 사랑이다. 그것만 점검하면 된다. 주님이 우리를 위해 오셔서 십자가에서 죽으시고 사명을 완수하신 것은 의무감과 책임감 때문이 아니다. 어떤 율법의 행위가 아니라 사랑으로 그것을 완성하셨다. 주님이 우리를 사랑하심으로 그 사명을 끝까지 완수하신 것처럼 우리도 주님을 사랑함으로 끝까지 사명을 완수하는 주님의 제자들이 되기를 축복한다.

래디컬 세대

초판 1쇄 발행	2022년 7월 27일
지은이	조지훈
펴낸이	여진구
책임편집	안수경 김도연
편집	이영주 정선경 최현수 김아진 정아혜
책임디자인	노지현 마영애 ┃ 조은혜
홍보 · 외서	진효지

마케팅　김상순 강성민 허병용　　　　마케팅지원　최영배 정나영
제작　조영석 정도봉　　　　　　　　경영지원　김혜경 김경희 이지수

303비전성경암송학교　박정숙 최경식
이슬비전도학교 / 303비전성경암송학교 / 303비전꿈나무장학회

펴낸곳　　규장

주소 06770 서울시 서초구 매헌로 16길 20(양재2동) 규장선교센터
전화 02)578-0003　팩스 02)578-7332
이메일 kyujang0691@gmail.com　　　홈페이지 www.kyujang.com
페이스북 facebook.com/kyujangbook　　인스타그램 instagram.com/kyujang_com
카카오스토리 story.kakao.com/kyujangbook
등록일 1978.8.14. 제1-22

책값　뒤표지에 있습니다.
ISBN 979-11-6504-351-3 03230

규 ┃ 장 ┃ 수 ┃ 칙

1. 기도로 기획하고 기도로 제작한다.
2. 오직 그리스도의 성품을 사모하는 독자가 원하고 필요로 하는 책만을 출판한다.
3. 한 활자 한 문장에 온 정성을 쏟는다.
4. 성실과 정확을 생명으로 삼고 일한다.
5. 긍정적이며 적극적인 신앙과 신행일치에의 안내자의 사명을 다한다.
6. 충고와 조언을 항상 감사로 경청한다.
7. 지상목표는 문서선교에 있다.

하나님을 사랑하는 자 곧 그의 뜻대로 부르심을 입은 자들에게는 모든 것이 合力하여 善을 이루느니라(롬 8:28)

규장은 문서를 통해 복음전파와 신앙교육에 주력하는 국제적 출판사들의
협의체인 복음주의출판협회(E.C.P.A:Evangelical Christian Publishers
Association)의 출판정신에 동참하는 회원(Associate Member)입니다.